Alle lieben Golf

STEFFEN KÖPF

ALLE LIEBEN
GOLF

BILDER & WORTE

Für GOHHARD

KOSA

LAPPAN

Text, Cartoons und Illustrationen von
Steffen Köpf

Lektorat: Peter Baumann

1 2 3 4 5   04 03 02 01 00

© 2000 Lappan Verlag GmbH
Postfach 3407 · 26024 Oldenburg
Gesamtherstellung: Clausen & Bosse · Leck
Printed in Germany · ISBN 3-89082-991-0

Ein Wort an die Leser

Warum gerade Golf?
Golf wird aus vielerlei Gründen gespielt.
Nur niemals wg. Talent! Das hat aber noch
niemanden davon abgehalten, es trotz-
dem zu versuchen. Es ist genau wie im
wirklichen Leben: Talent dazu hat kein
Mensch, aber mit Fleiß, Disziplin und Ge-
duld kann man es ganz schön weit brin-
gen. Ach ja, das Wichtigste hätte ich fast
vergessen: Glück. Wenn Sie damit über-
proportional gesegnet sind, steht einer
großen Golfkarriere nichts im Wege.
Außer Sie sich selbst.

Inhalt

Golf mit Köpf(chen)

Dies ist ein Brevier für Golfer und solche, die es werden wollen. Ein Buch, das endlich mit der Unsitte aufhört, eine Unzahl technischer Tipps und anderen Firlefanz auf den armen Leser niederprasseln zu lassen. Es soll vor allem die spirituellen, ja mystischen Seiten des Spiels zugänglich machen, offen legen und enttabuisieren. Denn eines sollten Sie selbst in dunkelsten Momenten Ihres Golferdaseins – etwa nach dem siebten Versuch, aus einem Topfbunker rauszuschlagen oder dem ersten Abschlag unter der sonntäglich vollbesetzten Clubhausterasse – nicht vergessen: Es handelt sich hier nur um ein Spiel mit einem kleinen weißen Bällchen.

Also, machen Sie Ihren Kopf frei für die wahren Werte des Golfs, eines Spiels, das die volle Bandbreite des Lebens widerspiegelt. Und das will was heißen. Wenn Sie es schaffen, damit einigermaßen fertig zu werden, haben Sie gute Chancen, auch mit Ihrem Alltag klarzukommen. Und das wäre doch Grund und Belohnung zugleich, dieses Buch nicht nur zu Ende zu lesen, sondern es in seelisch trüben Zeiten immer mal wieder zur Hand zu nehmen.

Vom Golfspiel noch nicht verdorbene Leserinnen und Leser werden bei der Lektüre gelegentlich auf Abstrusitäten und anderes wirres Gewusel stoßen. Dem Altgolfer fallen solche Spinnstigkeiten in Benimm, Regel und Ausübung nicht mehr auf. Es ist auch müßig, darüber zu streiten. Eine Erklärung dafür mag sein, dass Golf seinen Ursprung wahrscheinlich in Holland auf Eis oder sogar in Schottland hat. Muss man mehr sagen? So gesehen sind diese dem humanistisch vorbelasteten Mitteleuropäer nur durch ständige Regelabfrage und Pflichtetikettenkurse nahe zu bringenden Details vielleicht sogar logisch. Auf jeden Fall verzeihbar. Und man muss froh sein, dass es, dem nebulösen Ursprung entsprechend, nicht noch viel schlimmer kam.

Sie müssen selber wissen, ob Sie Ihr weiteres Wohlergehen dem Golfgott opfern wollen. Was Sie dazu neben viel Glück auch noch brauchen, ist viel Zeit und viel Platz. Die Zeit müssen Sie aufbringen, den Platz der Club. Die Zeit ist Ihr Geld. Der Platz auch: Mitgliedschaften in Golfclubs haben ihren Preis. Denn Natur so herzurichten und zu unterhalten kostet viel Geld. Doch die weltlichen Aspekte des göttlichen Spiels sollen hier nicht unsere Sache sein.

Steffen Köpf

Das Instrumentarium

Die Dinger, mit denen man auf dem Golfplatz herumfuhrwerkt, heißen Hölzer und Eisen. Sie fallen unter den Gattungsbegriff Schläger, gerne auch *CLUBS* genannt. Hölzer heißen die Dinger deshalb, weil sie aus Stahl, Graphit oder Titan sind. Die Eisen wiederum sind nicht aus Holz, sondern aus geschmiedetem Stahl, Kupfer oder Titan und was sonst noch so aus der Weltraumforschung für uns abfiel (endlich ein einleuchtender Grund für diese Art von Geldverschwendung!).

Man darf bis zu 14 dieser Hölzer und Eisen in seinem *BAG* (Golftasche) mit sich herumtragen, -ziehen oder -karren. Oder tragen lassen, was eindeutig am bequemsten ist. Die Hölzer haben „lustige Mützchen" auf – so meinen wenigstens deren Eigner –, damit sie im Sommer nicht frieren und im Winter nicht nass werden. Oder umgekehrt. In der Farbwahl dieser Mützchen wie der gesamten Ausrüstung, speziell auch im Kleidungsbereich, sind dem persönlichen Gusto nach unten keine Grenzen gesetzt. Mehr darüber später im Kapitel „Etikette und Geschmack".

Nachdem Sie sich einen Golfschläger beschafft haben, könnten Sie jetzt einfach ein Bälchen vor sich hinlegen und losspielen. „Bällchen" ist aber ein wenig zu einfach gesagt. Es gibt von der Gattung unzählige Modelle, die nur zwei Dinge gemeinsam haben: Sie sind mehr oder weniger rund und haben komische Einbuchtungen, die man *DIMPLES* nennt. Die

Dimples sollen dem Ball bessere Flugeigenschaften geben. Ob sie das auch tun, merkt man aber erst, wenn der Ball fliegt. Und das ist selten genug. Dann gibt es noch weiche, harte, weich-harte, ein-, zwei- und dreischalige Bällchen, solche, die kurz und hoch, andere, die flach und weit, und ganz viele, die nach links oder rechts fliegen und dort für immer verschwinden. Für Wind und Regen, Sonn- und Werktage, kurz: Für alles und jeden gibt es den richtigen Ball. Theoretisch zumindest. Und obendrein in Farben, die ein gesitteter Mensch bei einem Badewannenvorleger nicht akzeptieren würde.

Das Einzige, was Sie von Bällen wirklich wissen müssen, ist, dass Sie extrem viele von diesen teuren Dingern brauchen. Der Verbrauch steht dem Benzindurst eines Luxusgefährts auf 100 km in nichts nach: ca. 20 bis 30 Stück pro Runde. An guten Tagen. Nicht, dass sie sich abnutzen würden, nein, sie halten ewig. Aber sie gehen erstaunlich leicht verloren. Wie, wo und warum, erkläre ich Ihnen später. Hier nur soviel: Je besser Ihr Spiel wird, desto weniger Bälle brauchen Sie. Falls Sie es je so weit bringen.

Noch ein ganz privater Tipp: Bedrucken oder bekrakeln Sie Ihre Bälle erst, wenn Sie sicher sind, wenigstens jeden zweiten auf der Spielbahn halten zu können. Es macht sich schlecht, wenn die ganze Golfanlage mit Bällen übersät ist, die Ihnen zuzuordnen sind. Und Ihre verlorenen Bälle werden trotz Aufdruck ohnehin nicht an Sie zurückgegeben. Was Bände über die Mentalität Ihrer Mitgolfer spricht. Auch davon später mehr.

Der Golfplatz

Theoretisch kann man überall Golf spielen. Im Wohnzimmer, im Büro, im Garten, in städtischen Anlagen oder in Wartehallen von Flughäfen. Ob lange Flure in Behörden, U-Bahn-Stationen oder Staus auf Autobahnen – Ihrer Fantasie sind keine Grenzen gesetzt. Es hat sich aber herauskristallisiert, dass es am besten auf einem Golfplatz geht.

Selbiger besteht erst mal aus viel Landschaft. Diese wird in Abschläge *(TEES)*, Spielbahnen *(FAIRWAYS)* und Grüns *(GREENS)* mit Löchern *(HOLES)* unterteilt. In den Löchern stecken lustige Fähnchen *(FLAGS)*, damit man sie von weitem auch sehen kann. Das ist wichtig, denn die Entfernungen sind beim Golf eines der größeren Probleme. Oft beträgt die Distanz vom Abschlag bis zum Loch mehr als 500 Meter. Und die sollen Sie mit möglichst wenigen Schlägen überwinden.

Golfplätze werden von Golfplatzarchitekten entworfen. Voraussetzung für einen guten Platzdesigner ist eine ausgeprägte Misanthropie, gepaart mit einem Schuss Sadismus. Seine wahre Kunst besteht darin, den Weg vom Abschlag zum Loch mit perfiden Hindernissen zu pflastern. Die bestehen aus Sandlöchern, *BUNKER* genannt, sowie aus seitlichen oder frontalen Wasserhindernissen, die vom mittleren Binnensee bis zur Pazifikbucht reichen können. (Den Fahrtenschwimmer sollten Sie als Golfeleve schon haben, denn diese Gewässer ziehen Ihre Bälle magisch an.)

Aber das ist noch lange nicht alles. Die trockenen Seiten eines Platzes werden durch ungemähtes Gras, Hecken, Büsche und undurchdringliches Unterholz mutwillig „interessanter" gestaltet. Die argentinische Pampas wirkt dagegen milde und einladend. All das hat die Bezeichnung *ROUGH* wahrlich verdient.

Erschwerend kommen noch seitliche *AUS*-Grenzen hinzu, deren Überschreitung mit Strafe geahndet wird. Und das ist immer noch nicht alles: Der *Coursedesigner* baut die Löcher garantiert an Stellen, wos bergauf oder bergab geht, wo der Wind grundsätzlich aus der falschen Richtung bläst, die Sonne blendet, eine Eisenbahnlinie vorbeiführt und und und …

Das alles erklärt u.a. die Hassliebe des Golfers zu seinem Platz. Es ist wie der immer wiederkehrende Gang zur Domina: Man wird gepeinigt, geschlagen und gedemütigt, geht aber schon am nächsten Tag voller Vorfreude wieder hin. Freiwillig. Nicht umsonst heißt es denn auch, dass Golf eine fast verlorene Tugend wieder aktiviere: die Demut.

Diejenigen unter den geneigten Leserinnen und Lesern, die sich nach dem bisher Gesagten trotz allem entschlossen haben, mit der Golferei anzufangen, bitte ich, das Buch nun für zwei Jahre wegzulegen. Wenn Sie sich dann – nach täglich mindestens vier Stunden Training – in der Lage sehen, einen Abschlag ohne Schwindelgefühle zu betreten und den Ball ca. 50 m weit zu schlagen (möglichst auch noch geradeaus), können Ihnen die nachfolgenden Kapitel Anleitung zu einem wirklich erfüllten Golfleben sein.

Die Technik

Um einen Golfball zu schlagen, muss man einen Schläger in die Hand nehmen. Deshalb ist der Griff, d.h. wie und wo man das Ding anfasst, das Wichtigste. Die Hände sind die einzige Verbindung zwischen Körper, Schläger und Ball. Sie sollen bewerkstelligen, dass die Schlagfläche im Treffmoment rechtwinklig („square", wie der Golflehrer zu Ihrem Missvergnügen dauernd auf Sie einquasselt) auf den Ball trifft. Das ist alles. Ein Kinderspiel, denken Sie. Völlig richtig. Nur sind Kinderspiele für Erwachsene oft schwer nachzuvollziehen. Sie setzen Bewegungsgefühl und Naivität (um das Mindeste zu nennen) voraus. Und wer hat das noch? Um einen noch besseren Griff und damit einen noch besseren Abschlag zu bekommen, ist irgendjemand irgendwann auf die Idee gekommen, einen Handschuh anzuziehen. Und zwar nur einen. Links. Für Rechtshänder. Warum nur einen, ist eines der Mysterien, die uns beim Golf immer wieder begegnen. Es gibt natürlich keinen vernünftigen Grund, nur gerade einen und diesen auch noch links zu tragen. Und manche tragen ja auch zwei (oder gar keinen), ohne dass man es ihrem Spiel anmerkt. Aber man sollte im Golfuniversum nie nach „vernünftigen" Gründen suchen. Es kann sie nicht geben.

Oder ist der eine Handschuh mit der Herkunft des Spiels begründbar? War der Schotte einfach zu geizig und einer musste genügen? Der eine Handschuh hat allerdings auch den Nebeneffekt, dass ein Arbeitgeber von weitem sehen kann, ob ein Untergebener zu viel Zeit beim Golfen verbringt: Es ist verdächtig, wenn nur die linke Hand weiß ist ... Der Kampfhandschuh soll also zu einem besseren Griff verhelfen. Deshalb ziehen die meisten Profis ihn auch immer dann aus, wenn besonders viel Gefühl verlangt wird: beim *PUTTEN* (das ist nicht etwa das Tranchieren eines Festtagsbratens, sondern das Einlochen des Balls).

Der Golf-Pro

Sie sollten sich von Beginn an in die Obhut eines Golf-Pros begeben. Er ist einer jener Menschen, zu denen man instinktiv aufschaut. Unausgeschlafen, unrasiert, ungefrühstück und ohne Probeschwung gelingt ihm genau der Schlag, den Sie verzweifelt und schwitzend seit ungefähr zwei Stunden und drei Eimer Bällen erfolglos aus Ihrem Körper herauswringen möchten. Und bei ihm sieht es obendrein noch spielerisch leicht aus. Der Golf-Pro ist einer aus dem jockeyartigen Stamm, aus dem sie auch Tennis- und Skilehrer schnitzen.

Wichtig ist, dass Sie frühzeitig akzeptieren lernen, nicht nur aus golferischen Gründen zu ihm zu pilgern! Er ist weit mehr. Die Bezeichnung „sportlicher Seelsorger" ist recht treffend. Was er alles zu hören bekommt! Gerade mal Beichtväter, Bardamen und der CIA können da noch mithalten. Ist ja auch logisch, denn die Patienten des Golf-Pros öffnen sich in Momenten tiefster Depression, Fassungslosigkeit und allgemeiner Desorientierung. Es gibt im Zusammenleben niemanden, der einem so nahe steht, Ehepartner mal ausgenommen. Im Normalfall wenigstens. Und zwar nicht nur geistig, sondern auch körperlich. Man glaubt ja gar nicht, welche Körperpartien man beim Golfen alle braucht … Und die muss er berühren! Taktile Verführungen in sensiblen Bereichen verlangen von Golflehrern denn auch charakterfeste Standfestigkeit, die man den wenigsten zutraut.

Erfahrene Golf-Pros schaffen es, wegen ausbleibender Fortschritte total zerrüttete Schüler wieder zu ausgeglichenen und erwartungsfroh in die Zukunft blickenden Menschen zu machen. Und das in 30 Minuten. Es kann sogar vorkommen, dass der Eleve kein einziges Mal nach dem Bällchen schlägt, der Pro drei bilderbuchmäßige Abschläge hinlegt und ansonsten nur eindringlich auf das ihn anhimmelnde Opfer einschwatzt. Aber es wirkt! Und wie! Golf ist ein Spiel, das im Kopf stattfindet. Und bei richtiger Anleitung und Konzentration klappt es da auch. Im Kopf, meine ich. Der Zögling verlässt die Walstatt als geheilter Mensch.

Doch viele machen jetzt den Fehler ihres Lebens: Sie wollen das Gelernte unbedingt sofort ausprobieren. Das ist grundfalsch. Genießen Sie doch das Hochgefühl, es endlich kapiert zu haben, für ein oder zwei Tage. Die brutale Ernüchterung kommt früh genug! Wer es trotzdem nicht lassen kann und sofort weiter übt, setzt sich einem Wechselbad von Gefühlen aus, dem selbst ein vom Zen-Buddhismus Erleuchteter nicht Herr werden wird. Nach fünf Minuten steht er vor einem mentalen Scherbenhaufen, den sein armer Pro dann das nächste Mal mühsam wieder zusammenfügen soll.

Das Verhältnis zwischen dem Pro und seinem Schüler gleicht dem zwischen Wagner und Faust. (Da Golf, wie gesagt, ein Kopfspiel ist, dürfen Sie sich von solchen literarischen Vergleichen nicht überfordert fühlen. Und falls doch, dürfen Sie das keinesfalls zugeben.) Wagners Worte, gesprochen nach einer geglückten Runde über 18 Loch, sind wunderbares Zeugnis für ein pädagogisch fruchtbares Verhältnis zwischen Pro und Schüler:

„Welch ein Gefühl musst du, o großer Mann,
Bei der Verehrung dieser Menge haben!
O glücklich, wer von seinen Gaben
Solch einen Vorteil ziehen kann!
Der Vater zeigt dich seinem Knaben,
Ein jeder fragt und drängt und eilt;
Die Fiedel stockt, der Tänzer weilt.
Du schlägst ab, in Reihen stehen sie,
Die Schirmmützen fliegen in die Höh
Und wenig fehlt, so beugten sie die Knie,
Als käm das Venerabile."

Nun bleibts natürlich nicht bei einfachen Trainingsstunden. Man hat ja keine Zeit und will Golf schnell, umfassend und zeitgemäß beigebracht bekommen. Hier nun tut sich ein weites Feld der Scharlatanerie, der Gurus und der Wunderheiler auf. Das Spektrum reicht vom Ferienkurs beim Promi-Pro-Geheimtipp über Höhenfitnessgolf für gestresste Seniormanager hinunter in die Tiefen des Mentalgolfens (für preisbewusste zu empfehlen, da ohne Schläger und Platz auszuüben). Von da ist es dann nicht mehr weit zum Golfyoga für Schwangere und zur Urschlagschreitherapie. Oder zur Videopädagogik, die in jedem anständigen Golfhaushalt ihr Unwesen treibt. Es gibt nichts, woran nicht geglaubt und verdient wird. Denn seine Fehler legt man ja am 19. Loch nicht einfach ab, sie begleiten einen Tag und Nacht.

Hat das Fieber Sie erst einmal gepackt, wird Golf zu einem Riesenpuzzle, von dem Sie wissen, dass Sie es nie fertig bekommen werden. Trotzdem fangen Sie immer wieder an, nach den fehlenden Teilchen zu suchen. Sisyphos lässt grüßen!

Aber noch mal zurück zum Golf-Pro: Legen Sie große Sorgfalt an den Tag, wenn Sie sich für Ihren Pro entscheiden: Er wird für Jahre zum Herrscher über Ihr Wohlbefinden, Ihr seelisches Gleichgewicht und Ihr Karma werden. Erfahrene Golfer werden Ihnen bestätigen, dass es einfacher ist, eine Frau fürs Leben zu finden als den richtigen Pro. Und beim Bund fürs Leben sind die Nachwirkungen auch nicht so gravierend. Selbst wenns danebengeht.

Der Driver

Der Driver, auch Holz eins genannt, ist der Schläger, mit dem man den Golfball am weitesten schlagen kann. Ihn benutzt der Normalsterbliche nur zum Abschlagen. Denn da darf der Ball sogar „aufgeteet" werden. Tees sind diese manchmal weißen, meistens aber bunten Holzstäbchen, auf die der Ball beim Abschlag (und nur beim Abschlag!) zwecks Schlagerleichterung gelegt werden darf.

Da mit Holzstäbchen schon viel Unheil angerichtet wurde – siehe japanische Tischsitten –, ranken sich auch um die Tees zahlreiche Anekdötchen. So zum Beispiel, dass das Tee nach einem gut getroffenen Ball immer nach hinten wegfliegen soll. Völliger Quatsch! Es ist immer noch so, dass der B a l l gezielt fliegen soll und nicht das Hölzchen!

Da das Golfspiel der individuellen Ausgestaltung von Zeit enorm viel Raum lässt, wird jede Möglichkeit genutzt, dies unter Beweis zu stellen. So auch bei den Tees. Farben, Formen, Firmenlogos. Alles, was ein formal gestörter Geist sich auszudenken vermag, ziert das kleine Hölzchen, welches, *o tempora, o mores*, meistens auch noch aus Plastik ist. Eigentlich eine erstaunliche Karriere für den direkten Nachfahren eines unscheinbaren Sandhäufchens ... Auch edle Materialien halten Einzug. (Gott sei Dank ist der fernöstliche Aberglaube ausgerottet worden, nur Tropenwaldholz – von Jungfrauen bei Vollmond handgedrechselt – erlaube weite Abschläge.) Inzwischen haben Nobelschmuckhersteller das Tee als ideale Ergänzung für ihre Sortiments entdeckt. So gilt in gewissen Kreisen das Cartier-, Dunhill- oder Tiffany-Wegwerftee als *dernier cri*. Auch ist es immer wieder erstaunlich (und erlaubt tiefe Einblicke in die gepeinigte Golferseele), mit welcher Akribie und Ausdauer nach verschlagenen Tees gesucht wird. Gerade bei Leuten, die an der Clubbar mit Runden nur so um sich werfen, verwundert die Inbrunst der Suche nach so einem Pfennigartikel. Erstaunlich auch die Bescheidenheit unserer akademischen Mitgolfer: Es wird einem immer wieder bedeutet, dass es sich beim Teeaufdruck „Dr. Meyer" um einen Gag der Praxisangestellten handle ...

Wissenschaftlich noch weitgehend unerklärt sind Tees in eindeutig sexueller Form. Meine Vermutung, die noch empirischer Bestätigung bedarf, zielt auf maskuline Urlüste, tief in den Mutterboden einzudringen. Hier rächt es sich, dass Sigmund Freud kein Golfer war.

Auf allen Golfplätzen lässt sich beobachten, zu welch gymnastischen Verrenkungen sich Golfer kurz vor dem Schlag mit dem Driver hinreißen lassen. Die Befürchtung, es lägen schwerste Nervenleiden vor, liegt nahe, ist aber falsch: Es ist so gewollt und sogar von Nutzen! Hier lugt ein Zipfel unseres atavistischen Ursprungs hervor, ja, es zeigen sich keltisch-kannibalische Verwandtschaften, die im Golf überlebt haben. Diese kultischen Bewegungen sind Konzentrationsübungen und Teile vorchristlicher Opfertänze, die den Priester (sprich: Spieler) in die Lage versetzen, Übermenschliches zu leisten, indem sie ihn schmerzunempfindlich machen. Man nennt dieses schamlose Getue auf Golfplätzen neudeutsch *WAGGLE*. In unserer erotisch überhitzten Zeit hat sich bei diesem

Waggle eine eindeutig sexuelle Komponente breit gemacht. Hier sehe ich große Gefahren, wenn es darum geht, unserer Jugend dieses Spiel in seiner ganzen Unschuld nahe zu bringen. Trotzdem kann man nicht umhin, einem guten Waggle einiges am Erfolg des Schlags zuzuschreiben: Es hat, wie andere kultisch-erotische Tänze, viel Entspannendes in sich.

Die Gesamthandlung dessen, was am Abschlag geschieht, ergo Aufteen, Waggle, das Ziel fest ins Auge fassen, richtig zum Ball stehen usw., nennt man *ANSPRECHEN*. Und diesen Begriff dürfen Sie ruhig wörtlich nehmen. Tief im Inneren gesummte gregorianische Chorgesänge, Zen-Weisheiten oder Aztekenverslein, in Ausnahmefällen auch schwyzerdütsche Toilettensprüche, sind hervorragend geeignet, sich auf den Schlag vorzubereiten. (Vor Wasserhindernissen können zwei Vaterunser eine gewisse Sicherheit suggerieren.) Auch hier sollten Sie mit der Zeit Raum für die individuelle Ausgestaltung Ihrer ganz persönlichen Ansprechritualien schaffen. Denn wir sollten nie vergessen: Beim Golf handelt es sich um die Mutter aller Individualsportarten! Ich möchte Sie deshalb nachdrücklich dazu ermuntern, das Ansprechen ganz exzessiv zu betreiben. Sie sollten sich allerdings gewisse Zeit-, Geschmacks- und Dezibelgrenzen setzen. Auch kann es nicht schaden, Schauspielunterricht zu nehmen, um dem Ganzen ein wenig Würde zu verleihen. Vom Balletturterricht rate ich bei Erwachsenen aus formalen und prinzipiellen Gründen ab.

Bevor Sie den ersten Ball schlagen – und womöglich auch treffen –, sollten wir noch rasch auf ein wichtiges Wort zu sprechen kommen: *FORE!* (gesprochen: Fohr!). Es soll nämlich immer wieder vorkommen, dass ein Ball nicht dahin fliegt, wo er soll. Um andere Spieler nicht zu gefährden, brüllt man in einem solchen Fall rasch ein herzerfrischendes: „Fore!" Die Wirkung ist herrlich: Sofort geht alles in Deckung. Auch Sie sollten sich das unbedingt angewöhnen und sich sofort flach auf den Boden werfen, wenn das ominöse Wort erschallt. Weltkriegsteilnehmer genießen in dieser Disziplin gewisse Vorteile, machen Sie sich deren Erfahrung zunutze. Mein Rat an alle, die der Gnade der späten Geburt teilhaftig geworden sind: Üben Sie dieses lebensrettende Tun immer und überall! Fordern Sie Familienmitglieder, aber auch Arbeitskollegen dazu auf, ab und an ein gellendes „Fore!"von sich zu geben, um Ihre Reaktion zu schulen. Der Hecht unter den Schreibtisch oder die Couchgarnitur mag für Außenstehende etwas deplatziert, ja lächerlich wirken, kann für Sie aber einmal überlebenswichtig sein. „Fore" ist übrigens nicht die Abkürzung von Vorsicht, was beim auch sprachlich geizenden Schotten ja verständlich wäre, sondern kommt von *beware before*. Belegt ist das aber auch nicht – wie so vieles aus der Vorgeschichte des Golfs. Ich bin versucht, der Deutung zu folgen, wonach die Ureinwohner bei der Jagd ein brachiales „Vordammt" gebrüllt haben, wenn einer ihrer wertvollen Speere das Ziel verfehlte.

Früher waren noch so genannte Forecaddies erlaubt. Das waren mutige Menschen, die v o r den Spielern hergingen, um zu sehen, wo deren Bälle landeten – was angesichts der damaligen Platzverhältnisse und Ballpreise durchaus verständlich war. Beides hat sich heute gebessert. Trotzdem wäre bei vielen Golfern ein Forecaddie immer noch angebracht.

Das Wörtchen hat aber auch außerhalb des Platzes

Ehrfurcht erheischende Wirkung, wird es doch so ziel-
bewusst wie erfolgreich zum Silentium in jeglicher
Clubhaussituation eingesetzt. Wundern Sie sich also
nicht, wenn in geselliger Runde einer „Fore!" brüllt:
Sie müssen vor keinem verirrten Ball in Deckung gehen, eher eine Runde Hochprozentiges befürchten.

Wenn Sie nun meinen, am Abschlag endlich einen
Ball schlagen zu können, so irren Sie gewaltig. Sie
müssen nämlich nicht nur den Ball, sondern auch
noch ein handtellergroßes Rasenstück rausschlagen.
Selbiges nennt man *DIVOT*. Was nun aber viele Golfer falsch machen ist, dass sie das Divot v o r und
nicht h i n t e r dem Ball rausschlagen. Das hat zur
Folge, dass das Divot weiter fliegt als der Ball. Aber

immerhin: Eine gewisse Bestätigung, dass Sie etwas Ähnliches wie einen Golfschlag vollbracht haben, ist ein weit fliegendes Divot schon.

Zumal dessen Form einiges über den Schlag aussagt. Für Experten zumindest. Die Divotanalyse ist so alt wie das Spiel selbst. Neu ist der persönliche *Divot-Analyser* (D.A.). Ähnlich dem Psychiater mit Couch und Notizblock, versucht der D.A. aus Form und Struktur des herausgeschlagenen Rasenstücks Rückschlüsse auf mentale Höhen und Tiefen des Spielers zu ziehen. Das Aufarbeiten weit zurückliegender Sandkastenbuddeltraumata kann zu erstaunlichen Handikapverbesserungen führen, nimmt es doch u.a. die Angst vorm Bunkerspiel. Wie erfahrene D.A. klagen, ist die typisch deutsche „Rasen-betreten-verboten!"-Mentalität ein großes Hindernis beim Versuch, befreit zu Divotieren. Daran sollte seitens des Deutschen Golfverbands gearbeitet werden.

Dass die Divots mit Liebe und Sorgfalt wieder in ihre Krater zurückgelegt werden, sollte angesichts des horrenden Preises, den Sie für ein Stückchen Eigentum an Ihrem Golfplatz bezahlt haben, eigentlich logisch sein. Ist es aber nicht. Die wenigsten Golfer haben sich zu dieser Erkenntnis durchgerungen. Die anderen aber sind genau diejenigen, die am lautesten maulen, wenn ihr Ball in einem alten Divot zu liegen kommt. Denn Bälle muss man beim Golf grundsätzlich da schlagen, wo sie liegen. Und das erfordert manchmal immense Charakterstärke.

Aber weg von der Sitte und hin zum Spiel. Nach dem Versuch, mit dem Driver einigermaßen gesittet auf den Rasen einzuhämmern, warten neue Aufgaben in Form der Eisen auf uns.

Die Eisenschläger

Es wird gern behauptet, Eisen seien leichter zu schlagen als Hölzer. Das sollte man weder verallgemeinern noch glauben. Auch mit Eisen lassen sich herzerfrischende Hopser und Roller fabrizieren. Es gibt lange, mittlere und kurze Eisen. Sie unterscheiden sich nicht nur durch die Schaftlänge, sondern auch durch den Neigungswinkel der Schlagflächen. Diese werden *LOFT* genannt, haben aber nichts mit der gleichnamigen Yuppy-Behausung zu tun. (Inzwischen sollten Sie sich an die Anglizismen gewöhnt haben. Golf kommt nun mal vom schottischen Hochmoor.)

Je flacher der Neigungswinkel, desto weiter, je steiler der Neigungswinkel, desto kürzer schlägt man die Bälle. Theoretisch zumindest. Zu Beginn einer Golfkarriere passiert es häufig, dass der Schläger weiter fliegt als der Ball. Lassen Sie sich dadurch nicht aus der Fassung bringen. Im Gegenteil: Das ist für einen Anfänger auch schon eine tolle Leistung. Man lechzt doch nur so nach Erfolgserlebnissen. Gerade aus Missgeschicken kann man Wichtiges lernen: positives Denken; sich nicht um die Meinung anderer scheren. Selbst wenn Sie nach Jahren finanzieller und körperlicher Anstrengungen einsehen müssen, dass es nie zu einem Handikap reichen wird, so sind diese zwei Einsichten doch alle Plackerei wert gewesen. Von welch anderer sinnlosen Aktivität lässt sich das schon behaupten?

Doch zurück zu den Eisen. Sie sind zum Teil nummeriert (die Hölzer übrigens auch), andere haben

Buchstaben drauf. Die Zahlen gehen von 1 bis 9, daneben gibts noch Schläger, auf denen L, P oder S steht (für Loft-, Pitch- oder Sandwedge: Eisen, die man bei speziellen Problemschlägen einsetzt, zum Beispiel, wenn ein Ball aus dem Sand geschlagen werden muss). Das längste – und am schwersten damit zu treffen – ist das „Einser-Eisen". Deshalb hält der erfahrene Golfer bei plötzlichen Gewittern immer ein Eisen eins über den Kopf: Selbst der liebe Gott trifft kein Eisen eins! Für mich ist das übrigens der einzig plausible Grund, dieses Instrument überhaupt mitzuschleppen.

Der Durchschnittsgolfer spielt ab Eisen drei aufwärts.Und hat schon damit seine liebe Müh und Not. Nach einiger Zeit kristallisiert sich ein „Lieblingsschläger" heraus. Man entwickelt Vertrauen in ihn und trifft ab und zu sogar mal einen Ball. Also sollte man dieses Eisen am meisten nutzen. Selbst wenn erfahrenere Golfer zu einem anderen Schläger raten – und das tun sie immer –: Bleiben Sie bei Ihrer Wahl. Denn Sie allein müssen für das Ergebnis Ihres Schlags geradestehen. Und das fällt schwer genug.

Vielleicht sollten wir gerade an dieser Stelle vom Technischen ins Psychologische abschweifen.

Mentale Voraussetzungen

Eine Gundvoraussetzung, um auf dem Golfplatz mental zu überleben, ist, in jeder Situation die richtige Ausrede bereit zu haben! Das ist fürs Selbstwertgefühl und unser geistiges Rückgrat eminent wichtig. Da ja auf einer Runde herzlich wenig getan wird, ist der Erklärungsbedarf dafür umso größer – auch hier also erstaunliche Parallelen zum normalen Leben. Ein paar Standardthemen für gelungene Ausreden möchte ich kurz anreißen. Sie sollen Anregung sein, Ihrer Kreativität freien Lauf zu lassen. Zu beachten ist: Nicht nur Katastrophen bedürfen würdiger Interpretation. Genauso wichtig ist die stichhaltige Erklärung eines sich immer mal wieder in Ihr Spiel verirrenden Wunderschlags.

Ganz oben auf der Ausredenskala stehen körperliches und geistiges Unwohlsein. Geschäftliche Themen sind zwar immer ein Grund, die Contenance zu verlieren, gelten auf dem Golfplatz punkto Ausrede aber als prolo und neureich. Auch Ärger mit der Familie und daraus resultierender harter Stuhl oder Hinterkopfmigräne sollten nicht überstrapaziert werden. Wenn schon Ihr Golfspiel Kreativität vermissen lässt, so sollte das nicht auch noch für Ihre Ausreden gelten. Dramatische Erzählungen aus Verkehrssituationen („Ich kam an der dummen Sau von Brummifahrer einfach nicht vorbei!") sind zum Beispiel nicht unbedingt geeignet, Sie als zum Golfspiel Prädestinierten zu profilieren. Angemessener sind Ausreden wie: „Mir geht der Paukeneinsatz in Bruckners Fünfter einfach nicht aus den Ohren!" (nach verzogenem Abschlag); oder auch: „In letzter Zeit wird mir Iphigenies Handlungsweise, vor allem im zweiten Akt, immer verständlicher!" (nach einem vorbeigeschobenen 40-cm-Putt). Ihre Ausreden müssen nicht unbedingt verständlich sein, Hauptsache sie verwirren den Spielpartner und verleihen im sportlichen Desaster intellektuelle

Größe. Hier zeigen sich erstaunliche Parallelen zur modernen Kunst: Nicht das Ergebnis an sich ist wichtig, sondern dessen Interpretation.

In diesem Zusammenhang sind einige Worte über Spielpartner und -partnerinnen angebracht.

Der Flight

Gemeinhin spielt man Golf in Gesellschaft: zu zweit, zu dritt oder zu viert. Diese Akkumulation von Körpern nennt man sinnigerweise „Flight". Zwar spielt jeder sein Spiel für sich, aber es ist nicht von der Hand zu weisen und liegt wohl im Herdentrieb des *homo sapiens* begründet, dass es in der Gemeinschaft Gleichgesinnter mehr Spaß macht. Nun spielt man aber nicht mit jedem gleich gerne. Da eine Runde Golf über 18 Loch geht und man dafür mit zirka vier Stunden rechnen muss, kann dies schon zu erheblichen Belastungen zwischenmenschlicher Art führen.

Seien wir ehrlich: Es gibt Zeitgenossen, mit denen möchte man nicht in einer Zelle eingesperrt sein, geschweige denn in einem Flight. Sie müssen sich nun entscheiden: Entweder Sie überwinden Ihren gesellschaftlichen Schweinehund, sind freundlich und zuvorkommend, oder Sie versuchen gut Golf zu spielen. Beides zusammen gibts nicht. Sollten Sie es trotzdem versuchen – bitte, ich habe Sie gewarnt!

Man sollte deshalb nicht vorschnell urteilen, wenn ein Mitspieler unwirsch, schweigsam und absent ist, sich grundsätzlich auf der anderen Fairwayseite aufhält und immer an den falschen Stellen nach Ihren Bällen sucht: Vielleicht kann er Sie nur nicht leiden. Oder es handelt sich um Ihre bessere Ehehälfte. Da man in den seltensten Fällen freiwillig vier Stunden mit solchen Ekeln verbringt, ist es klar, dass diejenige Institution, deren Diktat man sich auf dem Golfplatz unterwirft, einer Machtfülle gebietet, von der der Vatikan nur träumen kann. Es sind dies das Clubsekretariat, der Golf-Pro oder gar dessen Frau. Unter deren jeglicher zivilisierter Rechtsordung enthobener Entscheidung ist schon manch großer Geist zerbrochen. Gebirge von Mannsbildern, aber auch Weiber, die Amazonenheere lächelnd durch fürchterlichste Schlachten geführt hätten, sind beim Anblick ihrer Flights ergraut und für Wochen verstummt. Regelmäßige Konfektpräsente, der eine oder andere Blumenstrauß können da Abhilfe schaffen. Progressivere Clubs bieten schon Workshops und Therapieabende an. Die besten Ergebnisse werden mit Otto Mühlschen Urschreisitzungen erreicht.

Das Problem der Kompatibilität von Flightpartnern ist von Clubvorständen lange nicht ernst genommen worden und hat zu unschönen atmosphärischen Störungen im Clubleben geführt. In etlichen Clubs wird Turnierteilnehmern die Starterlaubnis deshalb erst nach absolvierter „Flighttherapie" bei vereidigten „Flightberatern" gegeben. Der gewiefte Turnierfuchs entzieht sich solchen Problemen, indem er zu allen gleich unfreundlich ist.

Doch zurück zu unserem eigentlichen Thema, dem Schlagen nach Bällen mittels langer Eisen.

Der Schlag ...

Eine alte Golfregel besagt: kurzes Spiel – lange Freude. Wie schön und wahr. Denn beim Golf zählt jeder Schlag gleich viel, der über 300 m (das soll es geben!) und der über 30 cm. Als Realisten halten wir uns mehr an die kurzen Schläge. Denn da besteht die Aussicht, dass der eine oder andere auch gelingt.

Wie eingehend versprochen, will ich nicht mit unnötigen technischen Gimmicks aufwarten. Denn die Erfahrung zeigt, dass es der heutigen Informationsgesellschaft zunehmend schwerer fällt, zwischen nützlichen und unnötigen Informationen zu unterscheiden. Denken Sie nur an unsere Unfähigkeit, Pin-, Handy- und Mailboxnummern zu memorieren, geschweige denn Passwörter im richtigen Augenblick zu wissen.

Und da kommen diese Technikgurus daher und verlangen, man solle sich während einer der kompliziertesten Bewegungen, die der aufrecht gehende Primat zu vollbringen imstande ist, nämlich dem Golfschwung, auf zig verschiedene Dinge konzentrieren. Meines Erachtens besteht ein begründeter Zusammenhang zwischen leerem Hirn und gutem Golfspiel. Falls Sie sich auf einer Runde daran erinnern können, werden Sie mir zustimmen.

Ein erstaunliches Phänomen tut sich bei sog. „Annäherungsschlägen" auf. Jetzt, da man einen wirklich kurzen Ball einmal sehnlichst bräuchte, entrinnen dem Schläger Weiten, von denen man sonst nur träumte. *C'est la vie* – man muss die unergründlichen Weisungen der Golfgötter klaglos und demütig hinnehmen. Vielleicht hat das alles ja auch einen Sinn? So soll schon manch große Liebe zur Botanik durch ein getopptes Sandwedge entstanden sein. Und manche Rosenzüchterkarriere nahm ihren Anfang in einer dieser tollen Busch- und Strauchansammlungen, die sich nicht selten hinter den Grüns befinden, deren Durchdringung schon einen Livingstone erfordert.

Das führt uns zum Spiel in und aus Hindernissen.

... in und aus Hindernissen

Dem Menschen verachtenden Sadismus im Wirken der Golfplatzdesigner wurden bereits einige Zeilen gewidmet. In Hindernissen trifft er uns nun ganz persönlich. Ist es bekanntermaßen schon schwer genug, einen Ball auf eben gemähter Wiese zu treffen, so grenzt es an Zauberei, ihn aus Sand, Ginster, Schilf oder gar Wasser zu schlagen. Sicher, auch hierfür gibt es probate Techniken, aber die Meisterung solcher Schläge findet ausschließlich im mentalen Bereich statt. Und das sagt ja wohl alles. Die heute gängigen Golfschulen übersehen einfach den Schamfaktor, den ein normal gebildeter Erwachsener zu überwinden hat, wenn er in einem großen Sandloch steht und nach einem kleinen Ball hauen soll! Abgesehen von Unmengen Sand in Schuhen, Kleidung und Haaren können frühkindliche Sandkomplexe, wie „Förmchenklau" oder „Omis Sandkuchen" hochgespült werden und bremsend auf befreites Schlagen einwirken. Der neuropsychologische Aspekt beim Bunkerspiel wird bis dato völlig unterschätzt.

Und noch ein weiterer und immer wichtiger werdender Faktor hemmt das Spiel aus hohem Gras, Busch und Gesträuch: die Liebe zur Natur! Umweltzerstörung allenthalben, und da soll dem Normalsensibelchen ein wuchtiger Schlag durch Wiesenschaumkraut, Küchenschelle oder Annemönchen leicht von Seele und Recoveryholz gehen? Wem das nicht aufs Gemüt schlägt ... Aber es gibt auch Ermutigung, hat man für das Misslingen von Roughschlägen doch stets eine stichhaltige Ausrede parat: „Ich nehm lieber einen Strafschlag in Kauf, als dieses anmutige Heideröslein zu schlagen …!"

Als Hindernis im wahrsten Sinne des Wortes erweist sich Wasser in jeglicher Form. Das alleine dürfte aber noch kein hinreichender Grund sein, es ballmäßig dauernd aufzusuchen. Nicht umsonst heißt es in Golfkreisen, dass Wasser nur zu zwei Dingen taugt: zum Bewässern des Platzes und zum Verlängern von Scotch. Versuche, Bälle aus diesem Element zu schlagen, erspare man sich, den Mitspielern und der Natur. Den einen Strafschlag mehr wird Ihr Score schon verkraften.

Als Hindernisse können sich auch Parkplätze, Clubhausterrassen und Vorgärten erweisen. Hier kann ich nur ganz allgemeine Tipps geben: Sie sollten Ihren persönlichen Erfahrungsschatz an zwischenmenschlichen Beziehungen nutzen, um einigermaßen heil und anständig aus gegebenen Situationen zu kommen. Ein Recoveryschlag, mittig aus einer nachmittäglichen Damenbridgerunde zu spielen, bedarf nun mal weniger ausgefeilter Technik als größtmöglicher Diskretion, gepaart mit Herzenshöflichkeit. Anstandsregeln haben da eindeutig Vortritt vor sportlichen Belangen. Hier ist ein „Weniger" oft mehr; es versaut zwar Ihr Ergebnis endgültig, hat aber den unschätzbaren Vorteil, dass Sie als Gentleman bzw. Lady in Erinnerung bleiben. Das prägt Ihr Ansehen mehr als jeder noch so gekonnte Kunstschlag.

Sollte sich Ihr Ball allen Imponderabilien zum Trotz nun im weiten Rund eines Grüns tummeln, nähern wir uns jenem Teil des Spiels, der zum Höhepunkt sportlich-kulturellen Schaffens im Abendland zählt.

Das Putten

Ich werde nicht umhinkommen, hier doch ein wenig das Schatzkästlein der feineren Golftechnik zu öffnen. Denn nun ist alles erlaubt. Die Schleusen sind geöffnet. Am Grün trägt das Miterleben, zu welch grazilen Verrenkungen ansonsten grobschlächtige Körpermassen freiwillig und ohne Scham fähig sind, immer wieder zu erheiternder Erbauung bei.

Aus niederster Veranlagung der Golfplatzarchitekten resultiert, dass Grüns wellig, schräg-hängend, schnell und tückisch sind. Lassen Sie sich von einer teppichartigen Oberfläche nicht täuschen. Obendrein sind gute Grüns „treu", d.h., der Ball rollt auch dahin, wo Sie ihn hinschlagen. Aber wohin ist das?

Da die Löcher immer wieder anders platziert werden, ist eine Kunst gefragt, die im Zeitalter der visuellen Kommunikation immer mehr in Vergessenheit gerät: das Lesen. Sie haben richtig gelesen, das LESEN. Grüns richtig zu lesen ist die halbe Miete für einen erfolgreichen Putt. Die Metapher von dem Buch mit den sieben Siegeln liegt nahe, nur: So leicht ist es nun wirklich nicht. Es sind viel mehr! Dem Ziel, diese zu knacken, muss all Ihr Streben auf den Grüns gelten.

Zum Behufe des Einlochens werden Stellungen eingenommen, die gemeinhin alle Grenzen bürgerlichen Geschmacks überschreiten und ins Pornographisch-Gymnastische hinüberschielen.

Es ist schon erstaunlich, wie viele Golfer sich als

Grünlegastheniker entpuppen. Kleinstgedruckte Börsennotizen werden in Sekundenbruchteilen überflogen, aber ein verführerisch in der Abendsonne da liegendes Grün wird ermüdend lange, dafür aber völlig falsch gelesen.

So sind sie, die *nouveau golfeurs*: dem Materiellen zugeneigt und aufgeschlossen, dem Wahren und Schönen aber verschlossen. Selbst wenn die Puttlinie richtig erkannt wurde, ist es noch lange nicht gesagt, dass sie auch mit dem Putter nachgezeichnet werden kann.

So ernüchternd es klingt, aber auch Profiturniere werden beim Putten entschieden. „Drive for the show, putt for the dough!"(Abschlag aus Jux, Putten die Krux, oder so ähnlich.) Damit ist die Inbrunst zu erklären, mit der sich Schlägerhersteller dem Putten widmen. Nierentischartige Entgleisungen aus den Fünfzigern sind im Vergleich dazu harmlose Jugendsünden, Disneyland wird zum Bauhaus. Denn beim Putten kommt ein ganz gefährlicher Aspekt des Spiels zum Tragen: der Glaube. So wie Religion bekanntlich Opium fürs Volk ist, ist der Glaube an die Allmacht eines neuen Putters Koks für die *happy few*. Glaube versetzt Berge – und versenkt (ab und zu) Putts. Wenn Sie an Ihren Putter glauben, glaubt er auch an Ihre Puttlinie. Und die Kugel verschwindet garantiert im Loch. Mit diesem unnachahmlichen Geräusch, das aus Tönen, wie sie beim Öffnen einer Champagnerflasche (Louis Roederer Crystal) und beim Zufallen eines Mahagonihandschuhfachs eines Rolls Silver Ghost entstehen, komponiert scheint.

Zugegeben: Nüchterner betrachtet ist es das simple „Plopp" eines Kunstoffballs in einen Metallbecher. Nur, wer betrachtet Golf schon nüchtern?

Wenn es so viele Golfspieler wie Putter gäbe, wären alle Plätze dieser Welt restlos überfüllt. Schauen Sie mal in Garagen, Besenkammern oder Büros Ihrer Golfpartner nach: Sie werden Legionen an Puttern entdecken. Und kaum eine Branche nützt diese Verunsicherung, dieses immer während Streben nach Perfektion, so gezielt aus, wie die Schlägerhersteller und deren Komplizen, die Proshops. Ähnlichkeiten zum Devotionalienhandel vor Wallfahrtskirchen sind durchaus gegeben. Wie denn überhaupt so manches Gebaren der Golfdealer verteufelt an den Ablasshandel erinnert. Mit vergleichbarer Wirkung übrigens. Macht nichts, entscheidend sind die Zufriedenheit des Verkäufers und der Glaube des Kunden, mit dem justament erstandenen Gerät brächen goldene Golfzeiten an.

Können und Pech

Putten ist immer ein Zusammenwirken von Können und Pech. Geht die Kugel aus 20 cm daneben, ist es Pech. Fällt sie aus 22 m mittig ins Loch, ists Können. Glück gibts nicht!

Ein weiteres Phänomen ist die unerklärliche Verformung, ja diabolische Verrenkung, der optischen Wahrnehmung beim Putten. Will sagen: Je näher man liegt, desto kleiner erscheint das Loch! Nur so ist es zu erklären, dass der Durchschnittsgolfer gerade bei kurzen Putts zu ungeahnter Konstanz findet. Und in schöner Regelmäßigkeit danebenschiebt.

Welcher Außenstehende kann die titanischen Anstrengungen erahnen, die es braucht, um in diesen Augenblicken nicht auf Vokabularien zurückzugreifen, die jegliche gesittete Herkunft negieren lassen? Das sind die Augenblicke menschlicher Größe, die man bei anderen Sportarten vergeblich sucht. Hier hat Golf ganz eindeutig das Zeug zur Schule der Nation. In solchen Schicksalsmomenten liegen aber auch die Ursprünge vieler geplatzter Träume und Magengeschwüre, verpatzter Sonntagsspaziergänge im Kreise der Familie und anderer Tragödien. Wirkungsvolle Therapien, um damit einigermaßen fertig zu werden, sind Singseminare in der Toskana mit kreativem Töpfern und Schafwollspinnen. Bei Wiederholungstätern und hartnäckigeren Fällen versprechen Besuche von Eurhythmiekursen im schweizerischen Dornach Linderung. Sollten auch diese Rosskuren nicht weiterhelfen, so muss sich der Delinquent notgedrungen zur Erkenntnis durchringen, dass ihm die sittliche Reife fürs Golfspiel fehlt. Basta.

Muss es aber überhaupt so weit kommen? Ich meine, nein! Putten ist nämlich der einzige Teil beim Golfen, der von allen immer und überall geübt werden kann. Unser Wohnstil lädt doch gerade zu immer währendem Üben ein. Teppichböden, namentlich teure Doppelschlingware, aber auch der geerbte Perser sind ideales Übungsterrain für erfolgshungrige Putter. Zwar liegt es in der Natur einer einigermaßen zivilisierten Behausung, dass Böden eben sind und keine Löcher aufweisen. Dem kann aber abgeholfen werden: Endlich wird die 24-teilige Versandhausenzyklopädie mit Goldschnitt ihrer wahren Bestimmung zugeführt, lassen sich mit diesen Folianten doch trefflich Wellen, Breaks und Stufen arrangieren. Selbst unter fest verklebter Auslegeware ist dies mit gutem Willen und etwas handwerklichem Geschick relativ rasch möglich. Auch Golfgötter haben Anspruch auf Opfergaben. Einwände seitens nicht golfender Familienmitglieder sind mit milder Verachtung, in hartnäckigen Fällen mit Züchtigung und Ausweisung zu ahnden.

Gleiches gilt sinngemäß fürs Büro. (Da hat man eh mehr Zeit und Muße.) Nur wird da hinsichtlich der Auslegware eine gewisse Position vorausgesetzt. Das kann für Golfanhänger selektierend wirken. Ich gehöre nicht zu den Verfechtern einer soziologisch sich nach unten abgrenzenden Golfgesellschaft, aber die Gefahr besteht nun mal, dass der auf Linoleum arbeitende Sacharbeiter Nachteile gegenüber dem auf Teppichflor residierenden Vorgesetzten erfährt. Zumindest beim Putten.

Sie sollten sich bei der Wahl Ihres Arbeitsplatzes eh davon leiten lassen, wie die Firma und deren wichtigste Repräsentanten zum Golf stehen. Hat der Personalchef ein Handikap über 20, so ist Vorsicht geboten. Er wird mehr in der Firma als auf dem Golfplatz sein. Das hat unschöne Folgen für Ihr Spiel und Ihre Karriere. Die besten Chefs sind in der Regel Golfer mit einstelligen Handikaps. Sie sind meistens auf Pro-/Am-Turnieren oder auf der Driving Ranch. So stören sie den Ablauf der Geschäfte nicht und geben Ihnen auch nicht dauernd Tipps, wie sie Ihren Schwung verbessern sollen. Es reicht ja schon, wenn sich ein Vorgesetzter dauernd in Ihre Arbeit einmischt, da muss er nicht auch noch Ihr Golf durcheinander bringen.

Generell steht das Nachgehen eines geregelten Broterwerbs dem Golfen im Wege. Das klingt hart, ist aber erwiesen. Irgendwann muss man sich deshalb entscheiden, was wichtiger ist: die Paar Mäuse am Monatsende oder viele Pars beim Monatsbecher.

Beim Golfen ist nicht wichtig, mit welchen Schlägern Sie schlagen, sondern wie gut das Ergebnis ist. Hinterher fragt keiner mehr, wie Sie Ihre absolut grandiose Neun an diesem verdammten Dreierloch mit See davor geschafft haben. Ein Weniger an Schlägern bringt oft ein Mehr an Ergebnis. Aber es sieht halt viel besser aus, wenn der Bag mit den 14 erlaubten Schlägern gefüllt ist. (Auch dies wieder eine dieser schottischen Unverständlichkeiten: warum gerade 14 und nicht 12 oder 17? Wir werden es nie erfahren.) Der Kenner sieht eh, was Sache ist, wenn in einer Tasche nur drei Schläger gebraucht aussehen und der Rest ladenneu vor sich hin glänzt.

Ganz bitter kommt es am Ende einer Runde: Jetzt müssen Sie Ihre von Ihrem Spielpartner buchhalterisch ausgefüllte Scorekarte unterschreiben! In aller Öffentlichkeit! Vor den Augen aller Mitbewerber! Man ist ja, wenns um persönliche Golfkatastrophen geht, sooo vergesslich. Tatsächlich ist es erstaunlich, wie schnell das menschliche Hirn Zahlen über 10 vergessen kann. Hier, auf der Scorekarte, werden sie testamentarisch zu Papier gebracht und müssen gegengezeichnet werden. Tröstlich ist, dass es jedem so geht.

Bleiben Sie bitte auch im Angesicht kleinster Triumphe ganz Sportsmann bzw. -frau. Ein mitfühlend gemurmeltes: „Das kann jedem mal passieren!" muss genügen. Denn eine Anstandsregel, die jedem Golfer geläufig sein sollte, lautet: Je höher die Anzahl der Schläge, desto leiser die Stimme beim Vergleichen der Scorekarten!

Regelkunde

Wir wollen uns nun dem Herzstück, dem wahren Kern, ja der Seele des Golfspiels mit gebührender Ehrfurcht nähern: dem Regelwerk. Dabei soll unsere Aufmerksamkeit nicht den einzelnen Paragraphen, sondern der dahinter waltenden Philosophie gelten. Und da fängt es dann auch gleich knüppeldick an: Ein in Schottland über Jahrhunderte ausgetüfteltes Regelwerk verbindet sich mit deutscher Gründlichkeit und Pedanterie. Eine unheilige und explosive Allianz. Komme mir da niemand mit Logik! Hoch im schottischen St. Andrews hausen die greisen Golfgötter und schmieden Regeln, ändern sie wieder, geben Kommentare dazu heraus und dröhnen sich die mürrischen Schädel mit Scotch zu in der Vorfreude darauf, wie sie die Golfwelt mal wieder durcheinander bringen werden. Ein für ältere Herrschaften wahrlich paradiesischer Daseinsgrund, ohne den sie sicher weit Schlimmeres anstellen würden. Was kann dem alt werdenden Körper im nebligen Schottland Besseres beschieden sein, denn als Gefäß für Geister zu dienen, deren Bannbullen die Golfwelt erzittern lassen? Nie konnte sich Alter an der Jugend besser rächen als im Regelwerk des R & A (Royal and Ancient Golf Club of St. Andrews). Und genauso schaut die Golfbibel auch aus. Da hilft kein Klagen, da muss man durch. Nun gibt es, wie immer, natürlich mehrere Möglichkeiten, damit fertig zu werden. Die dümmste: Sie lernen das Regelbuch auswendig – auch für den geübten FAZ-Kreuzworträtselfreak eine Lebensaufgabe. Denn die genannten Geronten werden schon Gründe finden, vieles wieder zu ändern, kaum dass Sie Ihre Hirnmasse damit belastet haben.

Die zweite Möglichkeit, mit dem Regelkonvolut anständig und sauber fertig zu werden, ist die kritiklos demutsvolle Hinnahme noch der hirnrissigsten Paragraphen (und davon gibt es einige!).

Das Einzige, was Sie wirklich wissen müssen, ist, dass der Ball immer da gespielt werden muss, wo er liegt. So einfach ist das. Theoretisch, besser: schottisch-theoretisch! Denn Ausnahmen bestätigen auch und gerade hier wieder einmal die Regel. Schlimmer noch: Es gibt immer jemanden, der es noch besser weiß. Denn das Reich der Regeln ist für manche Golffreunde die einzige Domäne für Triumphe. Sie glauben gar nicht, mit welcher Verve diese erkämpft und verteidigt werden. Nie dürfen Sie Herkunft und Entstehen dieser Regeln vergessen, um die Kraft zu schöpfen, auch dunkelste Momente eines Golferlebens zu überstehen! Etwa dann, wenn Ihnen ein Neumitglied mit gerade windig erworbener Turnierreife vorwurfsvoll-schelmisch eine Verwarnung erteilt, weil Sie beim Versuch, die Puttlinie zu erahnen, die Wirkung Ihres vorabendlichen Dämmerschoppens unterschätzend, beide Hände zur Wahrung des Gleichgewichts benötigen und dabei das Grün berühren! Der Grünschnabel kräht dann dummdreist daher, er könne das auch als unerlaubtes „Testen des Grüns" auslegen und zwei Strafschläge notieren. Wer da nicht schlagartig nüchtern, zumindest hellwach wird, hat in der menschlichen Gemeinschaft, wie wir sie gemeinhin schätzen, nichts zu suchen. Da gilt es Contenance zu wahren, möglichst ruckfrei aufzustehen und ein galantes: „À la bonne heure, mon ami, die Golfregeln hat Er wohl gut im Ränzlein?!" zu murmeln. In Gedanken möge man noch ein: „Du blöde Sau!" hinzufügen – aber nur so, dass man es Ihnen nicht ansieht. Letzteres dient der Erhaltung des seelischen Gleichgewichts und ist daher entschuldbar. Sollten Sie mental zu solchen Galanterien noch nicht in der Lage sein, man spielt ja oft am frühen Vormittag, genügt ein freundliches: „Wie meinen?!", in Ausnahmefällen ein joviales: „Hä?!" Dass die Kommunikation mit diesem Sportsfreund im Verlauf der weiteren Runde auf ein Minimum reduziert wird, bedarf wohl keiner weiteren Erwähnung. Wie gesagt, schottisches Regelwerk und deutsche Schreibtischtätermentalität können sich zu mörderischen Allianzen verbinden ...

Die psychologischen Aspekte des Golfens

Das ist das Gebiet, wo Sie am schnellsten Erfolge einheimsen können. Erfahrene Golfer behaupten immer wieder, dass Golf „zwischen den Ohren" gespielt werde. Sie meinen, in einem Anflug fast intellektuell zu nennender Ironie, dass Golf im Kopf stattfindet. Nun ja, was findet da nicht alles statt, warum also nicht auch Golf? Und irgendwie haben die Schlaumeier recht! Wenn man vorher genau weiß, was man machen soll, ist die Ausführung nur noch ein Klacks. Es ist ermutigend zu wissen, dass man zumindest richtig gedacht hat, wenn – wie fast immer – das Ergebnis diametral zur Intention ausgefallen ist. Was solls, man war zumindest gedanklich auf dem richtigen Fairway.

Sie werden es schon bemerkt haben: Beim Golfspielen wird fast immer gezockt. Das mag für Schöngeister ernüchternd sein, verfehlt aber nicht seine erzieherische Wirkung. Und gerade da liegt doch die formende Kraft des Spiels. Man strengt sich einfach mehr an, wenns um Kaffee und Kuchen, das *Ius primae noctis* der Greenkeepertochter oder ein kleines Telekomaktienpaket geht. Das ist leicht einzusehen, hat aber, was ebenso bedauerlich wie menschlich verständlich ist, charaktermutierende Wirkung – wer verliert schon gerne Fassung, Selbstachtung und Penunzen? Deshalb kommt der freiwilligen Auswahl der Spielpartner eine so wichtige strategische Bedeutung zu (über die unfreiwillige haben wir schon gesprochen).

Es gibt drei Problemgruppen: Freunde, Geschäfts-partner und Familienmitglieder. Mit Freunden zu spielen kann Hochgenuss, aber auch Hochverdruss sein. Sie sollten sich vor dem ersten Abschlag im Klaren sein, wie gut (und damit: wie wichtig) die Freunde sind und ob Sie riskieren können, sie zu verlieren. Im Golfspiel liegt viel von Dr. Jekyll und Mr. Hyde. Ehedem umgängliche Gesellschaftsmitglieder werden nach einem versiebten Abschlag zu räudigen Einsiedlern mit Massenmörderblick. Umgekehrt schnurren vor Gewalt nie zurückschreckende Emanzen zu Schoßkätzchen, wenn ihnen ein Birdieputt gelungen ist. Machen Sie sich also auf alles gefasst. Auch bei sich selbst: Sie werden an sich Seiten entdecken, die in Normalsituationen des Lebens zu tiefsten Depressionen und Schlimmerem führen, ja den sofortigen Eintritt in ein Trappistenkloster als einzig möglichen Ausweg erscheinen lassen würden.

Die Verbindung von Geschäft und Golf hat immer einen Verlierer. Sie müssen sich also entscheiden, ob Sie einen Auftrag oder ein Spiel gewinnen wollen. Der Mensch kann schlecht verlieren und ist nachtragend. Erst recht wenns um persönliche Ehre und fremde Gelder geht.

Ein ganz heikler Aspekt ist das Spiel mit Vorgesetzten. Eine schwer abzulehnende Zumutung für Geist und Körper. Schon im normalen Leben schwer zu ertragen, übersteigt sie beim Golf die menschlichen Kräfte. Es ist einfacher, eine Balkan-Konferenz erfolgreich zu beenden als eine Runde Golf mit dem Chef. Spielen Sie extra schlecht und er merkt es, ist er erbost. Merkt ers nicht, sind Sies. Spielen Sie ihn in Grün und Boden, ist er erst recht erbost und Sie haben in der Folge ob Ihrer grenzenlosen Dummheit einiges zu ertragen. Spielt er eh besser als Sie, ist das für Sie ein weiterer Grund, auf den fiesen Kerl sauer zu sein, dem es offensichtlich nicht reicht, Sie nur beruflich zu demütigen. Es gibt nur einen Ausweg aus dem Dilemma: selber Boss werden. Dann haben andere die Probleme.

Die schwersten Prüfungen werden Ihnen im Spiel mit dem Ehepartner auferlegt. Auch hier zeigt sich wieder, wie sehr Golf ein Spiegel unseres Lebens ist. Es fängt damit an, dass Sie mindestens vier (!) Stun-

den mit dem Partner zusammen sein müssen. Der Schock will erst verdaut werden. Außerdem ist Ihre Beziehung auf dem Platz Regeln und Etiketten unterworfen, die von gegenseitiger Achtung, Höflichkeit und Anstand geprägt sind. Unter dieser Umstellung der Kommunikationsbasis leidet Ihr Spiel enorm. Darauf stellt sich der routinierte Golfer rechtzeitig ein.

49

Schon Tage vorher bemüßigt er sich Umgangsformen, auch in intimsten Bereichen, die den solchen Verhaltens nun wirklich nicht mehr gewöhnten Partner, gelinde gesagt, verunsichern. (Achtung: Das ist nur von Vorteil, wenn Sie gegeneinander antreten! Bilden Sie ein Team, ist diese Taktik grundfalsch.) Sie sollten rechtzeitig und penibel prüfen, ob es sich wegen eines Spielchens lohnt, Ihr eingespieltes Privatleben nach Jahren einträglichen Beisammenseins solchen Prüfungen zu unterziehen.

Aber auch die Kehrseite der Medaille ist nicht zu unterschätzen. Sollten Sie nämlich auf den Fairways in gewohntem Ton und Trott miteinander umgehen, laufen Sie Gefahr, den einen oder anderen Regelverstoß zu begehen, zumindest eklatante Etikettebrüche zu riskieren. Verhalten solcher Art soll schon zu Club-Ausschlüssen geführt haben. Nach Jahren des Beobachtens und Experimentierens neige ich zu der Ansicht, dass man sich als Paar am besten aufs Spiel konzentriert! Letztlich kommt das auch dem Privatleben zugute. Oder was meinen Sie, was unter deutschen Dächern los ist, wenn Muttern am 18. Loch durch einen versauten Bunkerschlag den Monatsbecher versiebt? Dantes Inferno ist ein müder Abklatsch davon, die Angst vor Virginia Woolf nur eine pubertäre Hitze! Trotzdem gehe ich nicht so weit wie eine wachsende Zahl von durchaus ernst zu nehmenden Golfern, die behaupten, nur geschiedene Golfer seien gute Golfer. Denn es können manchmal gerade Momente zu zweit sein, die den Golfalltag so wunderbar erscheinen lassen. Ein zart gehauchtes: „Brillant, mein Täubchen, große Klasse, ehrlich!" nach einem gehookten Drive out of bounce zeigen eben auch noch nach siebzehn Ehejahren, dass es sich doch irgendwo gelohnt hat! Und in Südengland soll es ein Ehepaar geben, das seit 42 Jahren täglich miteinander golft! Einfach so und völlig freiwillig! Nun mag man einwerfen, dass das britische Wesen der Skurrilität als solcher eindeutig Vorschub leistet und daher nicht unbedingt als löbliches Beispiel für uns Kontinentaleuropäer herhalten kann. Aber immerhin. Neueste Forschungsergebnisse belegen überdies, dass Philemon und Baucis, die zwei rührigen Alten in Goethes Faust II, ebenfalls Golfer waren. Die berühmte Szene spielt nicht etwa wie bisher angenommen vor ihrer Hütte, sondern zeigt sie wartend am Abschlag eines Dreierlochs beim monatlichen Familienvierer. – So weit der Exkurs für diejenigen, die grundsätzlich an der Berechtigung von Familienflights zweifeln.

Dagegen ist mit Kindern spielen leicht. Sind sie noch jung, stellt ihr Spiel für uns noch keine Gefahr dar und vorhandene elterliche Autorität erstickt auftauchende Streitigkeiten im Keim. Notfalls kann mit einem kurzen Blick, ggf. auch einem Wink mit einem kurzen Eisen, nachgeholfen werden. Sind die Blagen schon älter, ist ihr Spiel so weit von unserem entfernt, dass man sich am besten auf die Position dumm-stolzer Bewunderung zurückzieht und sich damit begnügt, dass der Kinder Können auch ein wenig auf die Eltern abstrahlt.

Der Caddie

Bis dato gings meist um Dinge, die das Golfen erschweren. Das ändert sich nun schlagartig. Der Caddie nämlich ist eine höchst löbliche Institution! Seien wir ehrlich: Gerade heute genießt man die Betreuung durch dienstbare Geister wieder recht gerne, kommt „Dienen" im umfassenden Sinne, d.h. geistig und körperlich, in unseren Breitengraden doch noch weit seltener vor als zwei Eagles auf einer Runde Golf.

Ein guter Caddie sieht alles, weiß alles, verschweigt und vergisst alles. Und er nimmt einem die einzigen körperlichen Mühen ab, die das Golfspiel bereitet: das Ziehen oder Tragen des Bags sowie das Sauberhalten des Bestecks. Er ist Freund, Psychiater, Trainer, Geliebter und Beichtvater in Personalunion. Schon vor dem ersten Abschlag weiß er genau, in welcher Verfassung Sie sich befinden. Er siehts an Ihrem Gang, an der Art, wie Sie die Autotür zuschlagen, oder an der Sockenfarbe. (Vielleicht hat er auch nur geraten und Glück gehabt.) Seine zärtliche Anteilnahme an Ihren Missgeschicken versucht er durch neckisches Schwenken des Flaggenstocks, Wahl seines Pfeifentabaks oder Absummen eindeutiger Lieder zu dokumentieren. Niemand kennt Sie so gut wie Ihr langjähriger Caddie. Nur er weiß Ihre Temperamentsausbrüche – nach oben wie nach unten – auch in kritischsten Momenten zu deuten, zu ertragen und am wichtigsten: zu entschuldigen. Humanistische Herzensbildung und einige Semester Studium generale bilden die solide Basis für sein segensreiches Wirken. Tägliches Studieren internationaler Devisenbörsen, des Wetterberichts und des Standes der Beziehungsgeflechte im Club gehören ebenso zu seinem Repertoire, wie sein unbestechliches Wissen um Mode- und Musiktrends, Duftwässer und neustes Schlägerdesign. Seine Sammlung an gut sortierten Witzen ist Legion und immer auf dem neusten Stand. Aber nicht nur sein Allgemeinwissen und seine fundierten Fachkenntnisse machen ihn unentbehrlich. Entscheidend ist seine unbeschreibliche Meisterschaft, wie ein Meisterkoch alles wohldosiert zu kombinieren. Nur er weiß, wann Sie Aufmunterung, Bestätigung, Zügelung oder gar Züchtigung benötigen. Nur er hat die Autorität, dies auch mit aller Konsequenz durchzusetzen.

Und – vornehmste Zunftregel: Ein Caddie verliert keinen Ball! Auch Ihre trefflich geslicten, gehookten, gepushten und getoppten Fairwayschleicher nicht. Das hat was mit Tradition zu tun, denn in Schottland mussten in den guten alten Zeiten Caddies, die in dieser Disziplin versagten, die Frau des vom Ballverlust betroffenen Spielers heiraten. Wer die damaligen Verhältnisse im Rough und im Damenbereich kennt, kann ermessen, wie sorgfältig ein Mensch nach einem kleinen Bällchen zu suchen imstande ist. (Es ist immer wieder erstaunlich, aber auch erhebend, zu welch grandiosen Leistungen Menschen unter Druck fähig sein können.)

Ich übertreibe nicht, wenn ich sage, dass die Trennung von einem treuen Caddie, aus welchen Gründen auch immer, das Schlimmste ist, was einem als Mensch und Golfer zustoßen kann. Das zeigt besser als alles andere, über welche Machtfülle der Caddie gebietet. Daher rate ich zu einer gewissen Eingewöhnungszeit. Mag heute das Wörtchen „Verlobung" nur noch ein müdes Lächeln hervorzaubern, hier hat es nichts an Aktualität verloren. Das geflügelte Wort vom Bund fürs Leben hat auf dem Golfplatz noch Gehalt und Sinn. Ein guter Caddie darf sich immer eines Plätzchens in der Familiengruft sicher sein. Das erklärt vielleicht, warum trotz bestechend hoher Honorarversprechen seitens der italienischen Paparazzipresse bis dato noch kein schwerwiegender Fall publik wurde, wo ein Caddie aus dem Bag seines Herren bzw. seiner Herrin geplaudert hätte – was in unserer, nur nach monetären Werten strebenden Welt doch alles über den Homo Caddiens aussagt.

Da dieses Golfkompendium seine Leser und -innen nicht mit banalen Techniktipps enervieren will, beschränkt es sich auch beim Caddie auf dessen wichtigste Eigenschaft: den seelsorgerischen Beistand in allen Lebenslagen. (Es ist müßig hinzuzufügen, dass er auch für richtige Schlägerwahl, Ballsäubern, Lesen der Puttlinien, Einschüchterung des Gegners, Erkennen der Windrichtung usw. zuständig ist und er somit Ihrem Spiel einiges an Gefährlichkeit nimmt.)

Eines dürfen Sie nie, aber auch wirklich nie machen: Ihrem Caddie widersprechen! Wenn er Ihnen das Eisen sieben in die Hand drückt, während Sie mit dem Eisen zwei geliebäugelt hatten, so wird er schon seine Gründe dafür haben. Sie mögen das vielleicht nicht einsehen und auf Ihrem Eisen zwei beharren, werden Ihren Irrtum aber spätestens am Ergebnis Ihres Schlages ablesen können. Einmal verzeiht er Ihnen so was, dann aber ist Schluss. Es gibt nichts Erniedrigenderes, als vom Caddie coram publico das Schlägerset vor die Füße geschmissen zu bekommen. Das spricht sich rum, Sie werden keinen mehr finden, der für Sie tragen will. Selbst der Präsident der Vereinigten Staaten hört in allen wichtigen Fragen auf seinen Caddie. (Insider bemängeln, dass er das nur beim Golfspiel tut.) Und das soll übrigens, neben Kleidung und Kopfbedeckung, auch einer der Gründe dafür sein, weshalb Päpste selten Golfspieler sind ...

Es gibt auch einen gewichtigen Grund, der gegen den Caddie spricht: Sensible Seelchen sehen in ihrem Golf etwas so Persönliches, dem Liebesakt Verwandtes, dass sie jeglichen Voyeurismus als ungehörig und störend empfinden. Man muss das respektieren. Es ist, ganz ehrlich gesagt, nicht immer angenehm, Erwachsenen bei Handlungen zuzusehen, die sie verzweifelt bemüht, stark schwitzend und völlig ungelenk möglichst schnell hinter sich zu bringen trachten. Dabei auch noch einen Zeugen neben sich zu wissen, der wo möglich mit wohlfeilen Ratschlägen aufwartet, ist nicht jedermanns Sache. Trotzdem meine ich, dass die Vorteile eines Caddies überwiegen.

Bevor wir uns dem eigentlichen Höhepunkt des Golflebens, dem Turnierspielen, nähern, erst noch ein ganz persönliches Kapitel.

Etikette und Geschmack

Hier soll es nicht so sehr um die allgemein geläufige, von Club zu Club variierende Etikette gehen. Ich möchte vielmehr etwas tiefer greifen, um quasi in den Bereich Herzensbildung, kombiniert mit mitteleuropäischem Kulturerbe, vorzudringen. Dies fällt mir nicht leicht, habe ich bislang doch immer dem Golfindividualismus das Wort geredet. Trotzdem, irgendwo muss auch dem Individualismus eine Grenze gesetzt werden. Und zwar rigoros. Fangen wir mit Äußerlichkeiten an. Es ist ja begrüßenswert, dass die Chemie Stoff- und Modedesignern in puncto Farbe und Materialien alles ermöglicht. Nur sollte das nicht Anlass sein, ein ansonsten einigermaßen gesittetes Leben geschmacklich vom Chaos regieren zu lassen. Das Auge spielt beim Golf mit! Sich auf den skurrilen Background des Spiels zu berufen, halte ich für zu billig, um manche Mode- und Farbkombinationen zu rechtfertigen. In den eigenen vier Wänden würden ihre Verfechter nie in diesen schrillen Auswüchsen herumlaufen, die sie uns auf dem Golfplatz zumuten. Es herrscht doch nicht immer Nebel, Herrschaften, ihr müsst doch nicht meilenweit erkannt werden. Im Rough ist noch keiner verloren gegangen!

Das übertrieben modische Auftreten ist ein Phänomen, das wissenschaftliche Aufarbeitung verlangt. Es besteht ganz eindeutig ein Zusammenhang zwischen bescheidenstem Golfvermögen und farblichem Mut. Hier soll mittels Mode etwas kaschiert werden, was eh offensichtlich ist. Oder hat das Ganze etwas mit Kriegsbemalung, Teufelsanbeterei, Mut machender Husarenuniformen zu tun? Verstärkt wird diese Unsitte durch scheinbar unerschöpfliche monetäre Ressourcen unserer mittelalterlichen Golfeleven. Spielt auch eine Midlife-Crisis-gesteuerte Sehnsucht nach Sinngebung im öden Alltag eine Rolle? Oder die ernüchternde Einsicht, dass es mit dem Golfspiel nicht so recht vorangeht und deshalb die gesamte Energie auf das Spiel der Formen und Farben gelenkt wird? Aus gesamtwirtschaftlichen Erwägungen heraus ist der Trend ja zu begrüßen; wer wollte der gebeutelten Textilbranche die guten Geschäfte nicht gönnen? Nur kann das nicht als Entschuldigung für Entgleisungen dienen, die jeden Lüscher-Farbtest sprengen würden. Erhofft man sich vom schamhaften Wegsehen der Mitspieler verstärkte Konzentration auf den Ball? Gar eine negative Beeinflussung der Spielpartner? Ich weiß es nicht, kann es weder erklären noch gutheißen. Mir ist nur klar: Hier müssten Dämme errichtet werden! Aber offensichtlich trauen sich Clubvorstände an dieses brisante Thema nicht heran – sei es aus Angst, sich mit den Proshop-Betreibern anzulegen, sei es aus eigener Orientierungslosigkeit in geschmacklichen Fragen. Das musste mal gesagt werden, mein Gott, irgendwo müssen doch auch bei uns Rudimente einer Kulturnation herumliegen.

Eine weitere, ebenso unentschuldbare Unsitte, ist das dumm-stolze Herumtragen übergroßer Firmenlogos und Herstellernamen auf Kleidungsstücken. Es macht merkantil keinen Sinn, für jemanden Gratisreklame zu machen, und es verstößt gegen den geheiligten Amateurstatus, dies für Geld zu tun. Pecunia sehr wohl olet! Welch normal denkender Mensch läuft aber auch nüchtern in Klamotten rum, die von der amerikanisierten Bezeichnung eines Vorgesetzten nur so strotzen? Sollte das vielleicht ein Versuch sein, sich Anerkennung und Respekt nicht zu erspielen, sondern zu erkaufen? Das hieße ja, in Abgründe menschlicher Wirrungen zu schauen …

Erschwerend kommt hinzu, dass der optische Auftritt immer häufiger eine verbal-akustische Entsprechung findet! Man möchte meinen, dass einem Erwachsenen daran gelegen sein sollte, bei einer von ihm ungelenk dargebotenen Handlung nicht auch noch durch lautes Geschrei und Gegröle aufzufallen – aber weit gefehlt! Es sind dies ganz eindeutig Einwirkungen von Fast Food, Fernsehen und Geschwindigkeitsbegrenzungen, die unsere bedauernswürdigen Mitmenschen zu solchen Verzweiflungstaten treiben. Sie benötigen Hilfe. Gerade ältere Clubmitglieder sollten hier mit fester Hand und frohem Herzen die Gelegenheit ergreifen und Vorbilder sein – eine verlockende und befriedigende Aufgabe für unsere oft ziellos in Clubhäusern herumhängenden Alten, ihrem golferischen Lebensabend noch einmal Sinn und Ziel zu geben. Ich möchte hier ausdrücklich auch zu Handgreiflichkeiten ermutigen. Symbolische Handlungen wie das Abreißen von Schulterepauletten und anderer Ehrenzeichen sind durchaus berechtigt, sofern dies den Spielablauf nicht unnötig stört und die Reste abfallmäßig sortiert entsorgt werden. In ganz schweren Fällen sollte man vorgängig das Clubsekretariat unterrichten. Vor geplanten körperlichen Züchtigungen mittels Golfschlägern ist auf jeden Fall das Einverständnis des Schiedsgerichts einzuholen.

In diesem Zusammenhang bietet es sich an, die geselligen Aspekte des Golferalltags zu streifen.

Die Clubbar

Der wichtigste Teil einer Golfpartie spielt sich am 19. Loch ab, dem wir in diesem Buch schon an anderer Stelle begegnet sind. Als 19. Loch wird mit feinstem Humor die Stelle bezeichnet, wo golferisch alles gelingt: die Clubbar, das Paradies auf Erden, Mekka und Manna zugleich – und der einzige mir bekannte Ort, wo Demokratie noch gelebt wird.

Hier sind alle gleich. Zumindest verbal. Seemannsgarn und Jägerlatein in Ehren, aber was am Tresen unserer Clubhäuser alles verzapft wird, hat proustsche Dimension! Hier macht das Volk der Dichter und Denker seinem Namen alle Ehre. Die Fähigkeit, das Spiel wenn nicht zu beherrschen, so doch souverän zu kommentieren, führt zu ungeahnten Höhepunkten abendländischen Geistesschaffens. Wären da nicht einige zeitliche Ungereimtheiten, so könnte Walther von der Vogelweide seine Werke durchaus an einem 19. Loch ersonnen haben. Und seine Tradition lebt fort. Es liegt in der Tragik eines golfabstinenten Lebens, dass Reich-Ranicki immer wieder das Fehlen großer zeitgenössischer Erzähler beklagt. Im Clubhaus fände er sie zuhauf! Eben da wird der neue deutsche Roman Urständ feiern, dessen bin ich mir gewiss. Auch wer meint, das literarische Quartett sei an Streitlust und Formulierungskunst nicht zu übertreffen, braucht sich bloß an die Bar eines Clubhauses zu lehnen und den Kommentaren der Spieler nach einem Turnier zu lauschen.

Wenn sich ein Rudel Seniorengolfer, im Überschwang, wieder eine Runde überlebt zu haben, alleine wähnt, geschieht es leider häufig, dass Fantasie und Fabulierwut die Grenzen abendländischen Kulturempfindens überschreiten. Ich spreche damit den berüchtigten Seniorengolferwitz an. Während es zu begrüßen ist, dass unsere Geronten geistig-körperlicher Ertüchtigung frönen und so das Gesundheitswesen entlasten, ist es nicht entschuldbar, dies mit Witzen niederster Provenienz zu tun. Wem Golfregeln, Tafelpapiere oder Kreuzworträtsel als hirnliche Herausforderung nicht genügen, muss dies noch lange nicht mit forciertem Witzereißen kompensieren. Das hat unser Golf nicht verdient. Die immer gleichen Histörchen werden so lautstark dargeboten, dass mancherorts bereits ernsthaft über Lärmschutzwälle in Clubhäusern nachgedacht wird.

Erfreulich an diesem Ort ist die unbegrenzte Möglichkeit, sportlich nicht befriedigende Leistungen schlucktechnisch wettzumachen. Merke: Je länger der Abend, desto besser wird der Score.

Das Turnierspiel

Der eigentliche Grund, sich all den geschilderten Mühen zu unterziehen, Niederlagen klaglos einzustecken und auch in dunkelsten Momenten weder seinen Mut noch den Humor zu verlieren, ist das Turnierspielen.

Grundsätzlich rate ich, sich anfangs nur bei so genannten „Stableford-Turnieren" zu melden. Das ist kein Hindernisrennen, sondern eine Zählart nach Punkten pro Loch. Sie bietet Ihnen die gnädige Möglichkeit, einige Blackouts elegant wegzustecken. Golfpuristen sehen darin, dass der Ball bei jedem Loch nach dem siebten Schlag aufgehoben werden muss, eine zeitbedingte Erweichlichungserscheinung. Ich befürworte diese Regelung, weil sie das Spiel beschleunigt, gleichzeitig aber auch gut fürs Schamgefühl und Balsam für die gebeutelte Seele ist.

Um bei Turnieren erfolgreich bestehen zu können, müssen Sie mindestens eine Woche vor dem Start jeglicher körperlichen oder geistigen Tätigkeit entsagen. Vor allem als Anfänger. Heilfasten, Kräutertees und mindestens 14 Stunden Schlaf sind nötig, um Geist und Körper auf die Exerzitien vorzubereiten. Optimal ist, wenn man sich in ein Zen-Kloster zurückziehen kann, zur Not tuts auch ein Romantikhotel. Familie und ähnlicher Schnickschnack haben hierbei nichts zu suchen. Golf ist nun mal eine Einzelsportart, dem müssen Sie allzeit Rechnung tragen.

Vermeiden Sie auf der Fahrt zum Platz riskante Überholmanöver oder ähnliches juveniles Macho- bzw. Dominagehabe. Am besten, man lässt sich fahren, da entfällt auch die nervende Parkplatzsuche. Ungefähr anderthalb Stunden vor dem Start des Turniers sollten Sie unbedingt einige Eimer Bälle schlagen. Am besten üben Sie ganz locker all die Schläge, die noch nicht so sitzen. Nachdem Sie alle Schläger durchgespielt haben, gehen Sie in den Sand. Sie sollten im Voraus wissen, wie die Sandqualität beschaffen ist – damit Sie später Ihre Ausreden darauf einstellen können. Selbst notorische Phlegmatiker putten vor Spielbeginn. Verlassen Sie das Übungsgrün erst, wenn einige Putts gefallen sind: Das Geräusch sollten Sie auf den ersten Bahnen im Ohr haben, vielleicht werden Sie es so schnell nicht wieder hören. Denn beim Stableford muss der Ball ja nach dem siebten Schlag aufgehoben werden …

Leider stelle ich immer wieder fest, dass Golfer mit unsauberem Besteck aufteen. Eine Unsitte ohnegleichen! Würden Chirurgen oder Köche so an die Arbeit gehen? Auf den Clubparkplätzen chromblitzen die Karossen, aber die Schläger sehen aus wie der Rucksack von Hermann Löns nach der siebten Heidedurchquerung. Irgendwas an Ihrem Spiel sollte schon glänzen – und wenns nur Ihre Schläger sind.

Zur Golftasche: Immer genügend Bälle einpacken, denn es gibt mehr Ausgrenzen, als Sie in Erinnerung haben. Auch Ersatzhandschuhe sind empfehlenswert, denn Angstschweiß und Regenschauer wirken unschön auf das Spiel ein. Es zeugt nun mal nicht von Klasse, wenn Ihre Schläger weiter als Ihre Bälle segeln. Eine gut sortierte Auswahl an Frotteetüchern, dazu Taschenlampe, Kompass und der Baedecker der

Region können ebenfalls nicht schaden. Ganz Sensible nehmen noch ein Regelbuch und die Dünndruckausgabe des neusten Katechismus mit. Ein guter Bag hat ein Kühlfach: Es zeugt von altem Stil, schon am 18. Grün gekühlte Pikkolos zu kredenzen.

Egal wie Spiel und Score ausfallen, gewisse Mindeststandards an Zivilisation wollen gewahrt sein. Mobiltelefone haben auf einem Golfplatz absolut nichts zu tun! Das sollte eigentlich jedem klar sein. Aber manchen Golfgenossen muss wohl erst noch beigebracht werden, dass in unseren Zeiten gerade das Nicht-erreichbar-Sein wirklicher Luxus ist.

Bitte lachen Sie nun nicht, aber Sie müssen sich einen Plan für die 18 Löcher machen. Und, was noch schwerer ist, sich auch daran halten. Machen Sie aus Par-4-Löchern „private" Par-3-Löcher, aus Par-5-

Par-4-Löcher. Ein „privates" Bogey ist für die Psyche besser als ein offizielles Doppelbogey! (Bogey ist ein Schlag über Par pro Loch, also wenn Sie ein Par 3 mit 4 Schlägen einlochen; Doppelbogey ist zwei über Par etc.)

Gehen Sie keine Risiken ein und vermeiden Sie um Himmels willen den so genannten „Traumschlag". Das ist der, den Sie noch nie gemacht haben. Und wenn, dann hat er nicht geklappt. Und ausgerechnet dieser Traumschlag soll nun unter Turnierstress Ihre Rettung sein? Zum Beispiel dieses Holz drei, Ball liegt über Ihnen in Hanglage und mittlerem Rough, 218 m zur Fahne, Nieselregen mit Gegenwind. Sie würden erstaunt sein, was ein Bernhard Langer in dieser Situation machen würde! Ähnliches gilt auch für den nagelneuen Driver, der mit auf die Runde darf, obwohl er sich auf der Driving-Ranch so bockig angestellt hat. Warum sollte er sich auf dem Platz anders verhalten?

Das allseits beliebte Nachkarten mit den traditionellen „Wenns" und „Abers" auf den Grüns ist zeitsparender und dramaturgisch ebenso effektvoll auf dem Weg zum nächsten Abschlag zu zelebrieren. Das Gleiche gilt fürs Aufschreiben des Lochergebnisses. Wer nicht in der Lage ist, die Scores bis zum folgenden Tee zu memorieren, hat in einem Golfturnier nun wirklich nichts verloren.

Ich komme hier nicht umhin, ein ganz heikles Thema anzusprechen. Lassen Sie sich von einer Turnierteilnahme nicht dadurch abschrecken, dass der mitteleuropäische Kulturmensch zu abenteuerlichen charakterlichen Verbiegungen fähig ist! Nehmen Sie es einfach als gegeben, dass Ihre Spielpartner, ganz salopp gesagt, bescheißen! Pardon, die Regeln höchst persönlich auslegen. Sie haben zwei Möglichkeiten, damit fertig zu werden:

Die erste ist die offizielle und einzig richtige: sofort einschreiten und Strafschläge aufbrummen. Nicht nur der Platz, alle sind heute Ihre Gegner, und um sich Freunde fürs Leben zu machen, sind Sie ja nicht angetreten. Das heißt aber auch, dass Sie weite Wege gehen müssen. Den von Ihnen zu zählenden Spieler dürfen sie n i e alleine ins Unterholz lassen! Tun Sies, dürfen Sie sich nicht wundern, wie perfekt Bälle aus tiefstem Tann fliegen können. Vom wundersamen Auffinden derselben ganz zu schweigen.

Die zweite Methode ist nicht offiziell, aber nervenschonender und konditionell nicht so fordernd: Vertrauen Sie auf das Gute im Menschen, so schwer Ihnen das im Einzelfall auch fallen mag, und darauf, dass sich Vorteilsnahme (vulgo Beschiss) und golferische Tiefs gerecht ausgleichen.

Fast hätte ich es vergessen: Eine wohltuende Übung ist das Schlägerzählen. Nicht im eigenen Bag, nein, in den Bags der Mitspieler. Sie glauben nicht, wie oft zu viele Schläger mitgenommen werden! Haben Sie das bei einem Mitspieler bemerkt, gibt es kaum ein prickelnderes Gefühl, als sein kleines Geheimnis über 17 Loch zu hüten. Zumal, wenn der Spielpartner den Tag der Tage erwischt hat, sechs Schläge unter seinem Handikap liegt und am 18. Abschlag schon vom mit Schampus gefüllten Monatsbecher träumt. Wenn Sie jetzt beiläufig murmeln: „Den Score hätten Sie sicher auch mit nur 14 Schlägern hinbekommen!", kommt Leben in den Flight. So was hat schon manch schöne Disqualifikation gezeitigt und viele durch eigene Missgeschicke verdorbene Tage konnten so noch gerettet werden!

Spielen in Wind und Wetter

Golf spielt man mit, in der und gegen die Natur. Verzweifelte Versuche in Amerika und Japan, dies zu ändern, sind lachhaft und zeugen von eklatantem Verkennen des geistig-ideologischen Hintergrundes, vor dem Golf sein Unwesen treibt. Wer noch nie eine Runde Wintergolf in eisigem Nordseewind auf einem *Links Course* im graupeldurchpeitschten Schottland er- und überleben durfte, weiß nicht, was Golf einem alles schenken kann. Mag Messner die Antarktis durchwandern, die wahren heroischen Leistungen werden auf Wintergrüns und betonharten Fairways durchlitten. Vor allem dann, wenn man die Handschuhe vergessen hat, der Taschenofen nicht funktioniert und die Thermoskanne schon am ersten Abschlag von den Mitspielern geleert wurde. Und das alles geschieht freiwillig, ohne Sponsoren und mit glühendem Enthusiasmus.

Es stimmt schon: Es gibt kein schlechtes Wetter, nur falsche Kleidung. Und die richtige ist leider noch nicht erfunden worden. Ganz wichtig ist da ein wetter- und unbillresistenter Partner. Und der ist in unserer von Couchgarnituren geprägten Zeit gar nicht so leicht zu finden. Denn unsere bewegungsminimierende Lebensform hat langsam, aber stetig auch Einzug ins Golfleben gefunden. Mit den ziehbaren Trolleys fing es an; diese mutierten zu batteriegetriebenen „Power-Caddies" (welch eine Wortschöpfung!); und daraus entsprangen dann die den American way of life vorgaukelnden motorisierten Golfwagen. So weit ist es mit uns gekommen: Amerikanismen dominieren Höhepunkte europäischen Körper- und Geisteslebens! Wenn schon beim Golf alle Kul-türen geöffnet werden, darf es nicht wundern, wenn die Yankees uns auch in verbleibenden Kulturbereichen wie Esskultur, Hosenmode und Gesang überrollen. Nicht dass wir uns falsch verstehen: Golf darf und soll man bis ins höchste Alter spielen. Ich bin sogar der Ansicht, dass sich erst dann ein Zipfelchen des Vorhangs lüftet, der uns für gewöhnlich den Blick auf „Golf-wie-es-eigentlich-sein-soll" verstellt. Sollten aber körperliche Gebrechen gebieten, Hilfe anzunehmen, gibt es ja immer noch den Caddie. Er ist umweltschonender zu betreiben und zu recyceln. Von positiven Auswirkungen auf Arbeitsmarkt und Rentensicherheit ganz zu schweigen.

Die Unsitte der „Winterpause" wird in unseren Breitengraden dadurch unterstützt, dass Greenkeeper und ängstliche Platzwarte schon bei etwas kälteren Temperaturen Grüns und Abschläge sperren. Ein Unding. Der normale schottische Sommer ist immer noch härter als das bisschen Winter bei uns. Wenn die Clubs ihre Schäfchen unter Strafandrohung endlich zum fachgerechten Gebrauch der Pitchgabeln zwingen würden, könnten Grüns, außer bei Frost, ganzjährig bespielt werden. Vor Spielbeginn wäre dann nur noch darauf zu achten, dass die Getränke kompatibel sind, damit sich keine unschönen Schwächeanfälle einstellen oder man gar des Dopings verdächtigt wird. Ansonsten erlebt man auf dem winterlichen Golfplatz im wattierten Körper ein völlig neues Schwunggefühl. Dabei ist klar, dass der traditionsbewusste Golfer, allen neuartigen Kunstfasern zum

Trotz, nur im klassischen Tweed in Kombination mit naturbelassenem Schafwollpulli zur Tat schreitet. (Beim Kauf darauf achten, dass es sich garantiert um Wolle von frei laufenden Schafen aus Troon, Muirfield oder St. Andrews handelt.) Die zunehmende Schwere der schottischen Kampfkleidung bei Schneeregen hilft Ihrem Spiel bei starkem Wind: Ihr Stand wird stündlich besser. Einzig die Bälle wollen sich partout nicht an gefrorene Böden gewöhnen. Der parkettartig harte Boden lässt Annäherungen im dreifachen Rittberger übers Grün flitzen. Nun ja, nach einigen Runden hat man auch das im Griff und spielt die schottisch-geizig-flache Annäherung mittels Eisen sieben tot an den Flaggstock.

Und das Wintergolfen hält noch ein Schmankerl parat: Bälle, die in Putterlänge um die Fahne liegen, werden (unter Anrechnung eines Schlages) geschenkt! Da läppert sich einiges an Pars zusammen, ist dies doch just die Länge, die der erfahrene Zitterputter so siegessicher danebenzuschieben pflegt. Auch hier zeigt sich das erhabene Maß an sportlicher Güte, das Golf einem ab und an zuteil werden lässt. Die Freude über den erstaunlich guten Score macht denn auch vergessen, dass hüftabwärts nichts mehr zu spüren ist. Und dass daran auch die vehemente Zufuhr von Hochprozentigem nichts ändert. Gastlich lockt von Ferne das Clubhaus, Glühwein und andere heiße Bäder versprechend. Dort endlich angekommen, legen die bibbernd gehauchten Zeilen der Ode an das Wintergolf erstaunliches Zeugnis davon ab, was Geist und Körper alles auf sich nehmen, um dem geliebtesten aller Zeitvertreibe zu frönen:

„Wanderer, kommst du ins Clubhaus,
so sage dorten,
du habest uns hier liegen gesehen,
wie das Gesetz es befahl."

Ich möchte hier ganz ausdrücklich denjenigen
Heroen ein Denkmal setzen, die nach neun Loch
nicht in den rettenden Hafen des Clubhauses ge-
schwenkt sind, sondern weiter, den Gewalten trot-
zend, ihre Runden beenden. Finger wie tiefgefrorene
Fischstäbchen, Rippenprellungen und verstauchte
Handgelenke, eingehandelt beim Versuch, ein Divot
zu schlagen, vom Eisregen geschwollene Augen und
viele andere unvergessliche Erinnerungen (und Nar-
ben!) adeln diejenigen, die es sich nicht nehmen lassen, im Wintergolf die Erfüllung ihrer Sehnsüchte zu
finden.

Kühl möchte ich dieses Thema mit einer weiteren
ehernen Golfregel abschließen: Es gibt wetter- und
naturereignismäßig nichts, aber auch gar nichts, was
einen Golfer von seiner vornehmsten Beschäftigung
abhalten könnte. Komme da keiner mit Lawinen, Erd-
beben, Vulkanausbrüchen und dergleichen neumodi-
schem Schnickschnack. Einzig der Gevatter mit der
Sense – oder ists nicht doch ein Eisen eins? – hat die
Autorität, final ins Spielgeschehen einzugreifen.

Golf und Sex

Ich weiß, auf dieses Kapitel haben alle schon lange gewartet. Es hätte längst geschrieben werden müssen. Die wildesten Geschichten kursieren hinter vorgehaltenen Wedges. Wie viel Schaden durch triebfeindliche Unterdrückung dieses nach Golf wohl wichtigsten Impetus menschlichen Wirkens angerichtet wird, spürt man am eigenen Körper. Dabei gilt auch hier, dass letztlich nur ruhiges, methodisches Vorgehen befreiend wirken und das drückende Problem versachlichen kann. Golf und Sex sind denn auch sehr wohl unter einen Hut zu bringen. Zum Wie möchte ich, in aller Diskretion, ein paar ganz bescheidene Worte verlieren.

Gesunder Menschenverstand, kombiniert mit fundiertem Regelwissen und souveräner Handhabe der Platzetikette, nehmen dem Thema die gesellschaftliche Schärfe. Der feurige Golfer und erfahrene Liebhaber (oder umgekehrt) wird immer den geeigneten Ort finden, um das Spiel, die Liebe und den nachfolgenden Flight gleichermaßen zu befriedigen beziehungsweise zu berücksichtigen. Dass hierbei „Besserlegen",„nicht Berühren vor dem Schlag" und allfällig einzuhandelnde Strafschläge eine gänzlich andere Bedeutung erfahren, machen eine Golferliebe so prickelnd und einzigartig.

Das Wiederherstellen der Bunker mittels Harke ist uns vom Golfplatz her vertraut. Nur möchte ich in diesem Zusammenhang nochmals auf die Unsitte hin-

weisen, Pitchmarken nicht zu entfernen. Vergesslich-
keiten dieser Art können, in welchem Zustand sie
auch immer begangen werden, nicht toleriert werden. Verhaltensweisen bei Regelspezialitäten wie
zeitweiligem Wasser, grabendem Tier oder losen
Hemmnissen sollten im Zweifelsfall mit Clubsekretariat, Wettspielleitung oder Pro abgesprochen werden.
Der gewiefte Golfer erkundigt sich auch automatisch
nach den jeweiligen Platzregeln, bevor er zu wie auch
immer gearteten Aktivitäten schreitet.

Mit diesen dürren Worten glaube ich liebenden
Golfern einen ermutigenden Weg durch den Dschun-
gel menschlicher Wirrungen und golferischer Etikette gewiesen zu haben. Wie Sie sich im Detail darin zu-
rechtfinden, muss Ihrer Kreativität und den örtlichen
Gegebenheiten überlassen werden. Auch dieses Kapitel unterliegt der Maxime des Buches, nicht mit
öden technischen Finessen zu langweilen, sondern
Auge und Ohr für die inneren Werte des Spiels zu
schärfen.

Golf und Familie

Bei diesem Thema gibt es eigentlich nur ein Problem, das sich aber als enervierend herausstellen kann. Und zwar dann, wenn ein oder mehrere Familienmitglieder golfresistent sind. Man mag einwenden, dann hätten diese Individuen im Kreise einer Familie nichts verloren. Was aber wollen Sie realiter gegen solche Schicksalsschläge machen? Hier hilft nur geduldiges Missionieren. Und zwar lebenslang, ohne Amnestie oder Begnadigung. Hier ist der Mensch im Golfer doppelt gefordert, gilt es doch, nicht sein gesamtes taktisch-strategisches Pulver im Spiel auf dem Platz zu verfeuern, sondern Reserven für die Heimatfront zu bilden.

Besonders schwer haben Sies, wenn Sie der einzige Golfer in der Familie sind. Haben Sie Glück, genießen Sie einen mitleidig belächelten Sonderstatus, ähnlich den Unberührbaren in Indien. Aber welcher Golfer hat schon Glück? Wahrscheinlicher ist, dass Sie als Aussätziger behandelt werden, dem der karge Teller Brotsuppe vor die Tür gestellt wird, wenn er ermattet von seinem anstrengenden Tagewerk über 18 Loch nach Hause kommt. Dabei wäre jetzt nicht kalte Suppe, sondern warme Anteilnahme Balsam für sein wundes Seelchen. Pustekuchen! Herbe Wortwechsel und der vergebliche Versuch, den Ignoranten sein Tun wenigstens ein bisschen näher zu bringen, dominieren den restlichen Abend. Immerhin – und das sollten Sie als Motivation wie Muttermilch einsaugen –: Wer damit fertig wird und dabei auch noch anständig bleibt, den werfen die wirklichen Schicksalsschläge auf dem Golfplatz auch nicht mehr um. Ist es nicht tröstlich, dass man selbst aus solchen Situationen noch Positives für Spiel und Charakter ziehen kann? FORE!, ruft der Verfasser hier, um flüsternd hinzuzufügen: Ist es nicht genau das, was immer so leichtfertig als Sinn des Lebens bezeichnet wird? Die Essenz all unserer Bemühungen in diesem Jammertal?

Um wie viel leichter hat man es, wenn im trauten Familienkreis Golfer den Ton angeben! Irgendwann finden auch die Abtrünnigen den Pfad zum wahren Sinn des Lebens – und sei es nur aus Bequemlichkeit. Die Chance besteht, dass auch aus ihnen noch mal ein anständiger Mensch und passabler Golfer (oder umgekehrt) wird.

Am schwersten hat es derjenige, der Golf in eine bis dato friedliche Familie einführt. Frühchristliche Märtyrerschicksale sollten hier Warnung und Abschreckung sein. Wer sich aber so einen heroischen Lebensentwurf für sich selber vorstellen kann, bitte sehr …

Die häufige Abwesenheit von Heim und Herd mag noch zu verschmerzen sein, ja kann angesichts so mancher Familiensituation sogar etwas Positives haben. Die unerklärbare Wandlung im geistig-seelischen Bereich aber, der endlose Hang zum Grübeln und Granteln, ist für die übrigen Familienmitglieder schwer zu verstehen und wird meistens nicht toleriert. Selbst ein so harmloser Zeitvertreib wie der Sonntagsspaziergang wird vom Golfbazillus vergiftet. Der Befallene ist nicht mehr in der Lage, selbst banalste Dinge unvoreingenommen zu betrachten. Ein unschuldig hingeworfenes: „Schau mal, da drüben, der herrliche Fliederbusch!" weckt nicht botanische Neugier, sondern wirft sogleich die Frage auf, ob der Busch nun ein Wedge oder doch eher ein Eisen neun entfernt ist! Der damit einhergehende glasig-sinnierende Blick hat schon manche Ehe Belastungen ausgesetzt, der diese nicht gewachsen war. Der eigene Garten, die Natur schlechthin, werden nur noch unter dem Aspekt Golf betrachtet und jegliche Gerätschaften für imaginäre (oder auch tatsächliche) Schwungübungen zweckentfremdet.

Mein Rat an solchermaßen heimgesuchte Familien: gewähren lassen! Tolerant bleiben! Nach drei bis vier Jahren lassen die Schübe nach. Die interfamiliär sauberste Lösung bleibt aber, von Anfang an mitzumachen. Und zeichnet nicht gerade das den wirklich funktionierenden Lebensbund aus, dass dem Hilfe bedürftigen Partner ebendiese Hilfe unvoreingenommen und herzlich dargebracht wird? Und letztendlich nützt es doch allen, wenn in schweren Zeiten die Reihen fest geschlossen werden.

So viel zum Heim, nun zum Herd.

Golf und Ernährung

Mens sana in corpore sano: Da beim Golf sowohl Körper als auch Geist gefordert sind, lohnt es sich schon, der festen und flüssigen Ernährung vor, während und nach dem Spiel einige Gedanken zu widmen. Gut ist was dem Score hilft. Als Erstes müssen Sie deshalb wissen, welche Spielart Sie spielen werden. Lochwettspiel, Zählwettspiel, Stableford, Matchplay, Texas-Scramble (die technischen Einzelheiten erspare ich Ihnen) ... Sie werden lachen, aber schon beim *petit déjeuner* fängt der Taktiker an, sich Vorteile zu sichern. Eine Runde Golf ist wie ein riesig großes Mosaik. Und ein Steinchen davon ist das Frühstück.

Die Geschmäcker sind verschieden, deshalb kann ich nur einige Ratschläge quasi exemplarischer Natur geben. Fürs Matchplay hat sich zum Beispiel scharfe ungarische Salami mit geröstetem Knoblauchbrot als vorteilhaft erwiesen, während beim Zählwettspiel Hülsenfrüchte bevorzugt werden und sich zum Stableford ein klassisches English Breakfast nachgerade anbietet. Französische Pasteten sollte man meiden: Sie drücken beim Putten. Herbstliche Wetter verlangen nach deftiger deutscher Hausmannskost, eventuell in Verbindung mit Eingemachtem.

Bei alldem sollten Sie nie vergessen, dass Sie für mindestens vier Stunden von jeder zivilisierten Toiletteneinrichtung getrennt sind. Für männliche Golfer zwar nur ein partielles Problem, aber immerhin! Gerade der hier mehr oder weniger verschämt körperliche Vorteile ausspielende maskuline Golfer sollte in sich gehen und sich fragen, ob es moralisch-hygienisch vertretbar ist, seinen kleinen Unterschied immer und überall auszuspielen. Golfer sollten auf die ihnen anvertraute Natur in jeder Beziehung Rücksicht nehmen. Die Unterschiede an Vegetation zwischen Herren- und Damenabschlägen verdeutlichen dies dramatisch.

Da wir uns nun schon mal mitten in medias res befinden: Die Aufnahme von Nahrung in flüssiger Form ist nur theoretisch gesehen einfacher, wirft sie doch große Fragen auf. Angesichts der toxischen Wirkung von Alkohol stellt dieser natürlich eine beträchtliche Verführung für jeden Golfer dar. Zumal seine unbestreitbar therapeutische Wirkung bezüglich Vergessen, Verzeihen und Verdrängen immer wieder gepriesen wird. Nur sollte die mit dem Konsum einhergehende abrupte Einbuße an Stand, Konzentrationsfähigkeit, gesitteter Ausdrucksweise und generellem Auftreten nicht unterschätzt werden. Auch kann eine gegebene Vorbildfunktion gegenüber der Golfjugend nachhaltig in Mitleidenschaft gezogen werden. Aber ich will die Angst überwindende und Mut weckende Wirkung eines Schlückchens aus dem Flachmann nicht einfach so verdammen. John Daily hat immerhin zwei Majorturniere gewonnen, obwohl die Anzahl der getrunkenen Bierdosen die Zahl seiner Putts pro Runde bei weitem übertraf. Wie immer kommt es auch hier auf taktische Dosierung und menschlich einwandfreie Handhabung an. Gewisse, auch optische Grenzen darf man nicht überschreiten. So haben etwa Chianti-Korbflaschen oder Underberg-Batterien an Golfbags nichts zu suchen. Und Dosengetränke sind schon aus Umweltgründen out.

Mein bescheidener Rat: Zollen Sie auch hier dem Ursprung des Spiels den verdienten Tribut. Ein mit Scotch bestückter Flask aus Sterlingsilber findet in jedem Bag, sein Inhalt in jedem Magen Platz und dokumentiert überdies auch auf dem schlüpfrigen Terrain alkoholisierter Genüsse Sinn für Stil und Tradition.

Fast jeder Golfer schwört auf „sein" Getränk. Und warum auch nicht, schließlich betreibt man ja auch eine Individualsportart. Es bleibt jedem selber überlassen, worauf er seine gelungenen und weniger gelungenen Schläge zurückführen will. Trotzdem möchte ich hier zur individuellen Getränkeausstattung etwas beisteuern: Mit den Jahren hat man seine Lieblings-, aber auch seine Horrorlöcher auf dem Platz herausgefunden. Ein Gebräu aus Büschen und Heilkräutern, die um Letztere herum wachsen, wirkt nach meiner Erfahrung wahre Wunder! Immer wieder bin ich ob meiner Getränkemischung beneidet worden. Natürlich muss ich geschmacklich gelegentlich schon mal größere Abstriche machen (welche Medizin schmeckt schon gut?!); und je nach Lage, Vegetation und Düngung meiner Ernteplätze stellen sich auch schon mal hässliche Hautausschläge, störende Allergien und fordernde Diarrhö-Anfälle ein. Aber was zählt das schon angesichts nachprüfbarer Spielverbesserung? Was dem Score hilft, ist gut.

Wo wir uns gerade in den Tiefen zwischenmenschlicher Nöte befinden, möchte ich gleich zu einer der wichtigsten Entscheidungen in Ihrem Golfleben vordringen.

Die Partnerwahl

Ist die Partnerwahl schon im normalen Leben ein drückendes Problem, das kaum je wirklich zufrieden stellend gelöst werden kann, so ist es beim Golfen schier unmöglich, auch nur einen annehmbaren Kompromiss zu finden. Und hier geht es immerhin um die wichtigsten Stunden im Leben.

Bevor es zum Schwur kommt, müssen Sie sich im Klaren sein, was Sie eigentlich wollen. Soll die sportliche Seite im Vordergrund stehen oder soll es mehr ein optisches Event oder gar nur eine gesellige Runde sein? Bevor Sie sich darüber nicht in Klaren sind, sollten Sie besser nicht zum Schläger greifen. Oder sich gleich jener Gilde von Golfkäuzen anschließen, die morgens um 7.30 Uhr schon mit ihrer Runde fertig ist und die Sommerzeit abends bis zur Neige ausgolft.

Bitte, wer Singlegolfer bleiben möchte – meinen Segen hat er. Seine Rücksicht, andere nicht mit Missgeschicken zu belasten, ist ihm hoch anzurechnen. Er darf sich nur nicht über zunehmende Kontaktarmut beschweren und darüber, dass er als golferischer Paria auf dem Platz keinerlei Rechte hat.

Dem Lebenspartner ist man Gott sei Dank nie ganz auf Gedeih und Verderb ausgeliefert – dem Golfpartner schon. (Heute sind ja sogar beim Vatikan Scheidungen zu kriegen, nomen et pecunia vorausgesetzt. Aber versuchen Sie so was mal beim Royal & Ancient in St. Andrews!)

Wenn Sie sich für die sportliche Option entscheiden, spricht das für Sie (und für Ihr Selbstvertrauen). Denn der jeweilige Spielpartner sieht Sie schon beim Einschlagen als Gegner. Lauert auf jede Schwäche, wird bedenkenlos jeden erlaubten (und wenns sein muss auch unerlaubten) Trick einsetzen, um Sie zu schlagen. Da Sie genau dasselbe mit ihm oder ihr vorhaben, ist das auch nicht weiter schlimm. Diese Variante möchte ich all denen vorschlagen, deren sonstiges Leben nicht gerade vor Aufregung und Nervenkitzel geprägt ist.

Wer aber in marktwirtschaftlichen Schützengräben kämpfen muss, sollte auf sein seelisches Wohlergehen achten und sich für die optische Variante entscheiden. Denn wer sich während der Woche ausgesuchtem menschlichem Elend stellen muss, sollte seinen liebsten Zeitvertreib in adäquater Begleitung zelebrieren. Nun mag mancher einwenden, dass das optische Angebot in seinem Club unter dem europäischen Durchschnitt liege. Diesem Problem kann man sich nur durch Gewöhnung, durch Senkung seiner Standards oder durch forciertes Keilen neuer Mitglieder entziehen. Man kann sich seine Partner auch schön spielen.Vergessen Sie aber nie: Das Golferische steht bei dieser Variante hintan. Das er- und verklärt auch die erschreckenden Scores in diesen Flights. Optische Ablenkungen dürfen vor allem bei dafür erhöht anfälligen männlichen Jungsenioren nicht unterschätzt werden.

Sollten Sie Ihren Flight nach geselligen Gesichtspunkten zusammenstellen, können Sie Golf als solches vergessen. Das alleine erfüllt schon den Tatbestand einer strafbaren Handlung. Wer so denkt oder gar handelt, sollte zu einer mindestens dreimonatigen Platzsperre und/oder einem Wochenende im Geräteschuppen mit der Greenkeepergattin verdonnert werden! In solchen Flights gehts zu wie in Auerbachs Keller. Und aussehen tuts wie bei Hempels unterm Sofa. Kurz: ein golferischer Sauhaufen. Aber mit Charme. Und lustig ists obendrein. Das kann so weit gehen, dass der Dönekeserzähler und die Witzereißerin erst am dritten Tee festellen, dass sie sich schon zwei Doppelbogeys und ein Par notiert, aber gar keine Schläger dabei haben. Da man nun schon mal so weit gelaufen ist, wird die Runde kameradschaftlich zu Ende gelaufen. Golferisch hat man von solchen Flights nichts zu erwarten, geschweige zu lernen, wird aber einiges an guten Witzen und Anekdoten zurück bringen. Und das ist mehr, als die meisten Golfer von ihrer Runde sagen können.

Und dann gibt es auch noch die Zeitgenossen, denen es völlig egal ist, wann, wie, wo, mit wem und was sie spielen. Die halt nur so auf eine Runde gehen, weil sie nun mal zufällig im Club sind, sich versehentlich zum Turnier eingetragen haben und sonst nichts Besseres mit sich anzufangen wissen! Solche Individuen solls geben, unsere leidgeprüften Psychiater wissen ein Lied davon zu singen. Die Namen der Spielpartner werden schon beim Verlassen des ersten Abschlags vergessen, der Score wird nach jedem Grün mehrmals nachgefragt (und trotzdem falsch aufgeschrieben). Meine dringende Bitte: unbedingt meiden. Dann schon eher alleine spielen – siehe oben.

Jeder Club hat seine V.I.P., wobei das „Very" und das „Important" Auslegungssache sind. Nun gibt es aber auch noch die W.V.I.P., die wirklich sehr wichtigen Personen. Und mit denen heißt es sich gut zu stellen. Fangen wir bei der Mutter Courage der Kompanie an: der Gattin des Clubökonomen. Im Idealfall ist sie eine Mischung aus Elsa Maxwell, Jeanne d'Arc, Mutter Theresa und Senta Berger. Sie ist erste Clearingstelle für alles Zwischenmenschliche im Club. Bei rund 600 Mitgliedern tut sich da einiges, kann ich Ihnen sagen. Mit ihrer tätigen Mithilfe wird manche Ehe gestiftet und wieder geschieden. Ihr Metier ist das Wer-mit-wem-wann-wo-und-wie, und warum auch nicht. Sie ist der Pro fürs Emotionale. Daher sollten Sie es sich mit ihr auf keinen Fall verderben. Das eine oder andere Likörchen oder Pikkolo kann vorausschauend klug investiert sein – wer weiß, wann Sie von ihrem Herrschaftswissen profitieren wollen? Im Übrigen kann es nie schaden, wenn wenigstens eine im Club gut von Ihnen spricht. Der Lieblingspatient von Mutter Courage ist der Midlife- und Mid-Handikap-gebeutelte Herrengolfer, der im emotionalen Bereich eine firme Hand und resolute Führung braucht. Wer kennt die tränenreichen Seufzer besagter Gent-

81

lemen nach 23 Uhr an der Clubbar besser als sie:
„Mein Putter versteht mich nicht!" und ähnliche Me-
gamacken. Sie ist für (fast) jedes Alibi zu haben, so-
lange Sie ihr Ragout fin nicht kritisieren.

Der nächste W.V.I.P. ist der Sportwart. Seine vornehmste Aufgabe ist es, den Zorn aller Mitglieder auf
sich zu ziehen. Unter 600 Mitgliedern herrschen 650
Meinungen, wie der Platz hergerichtet werden sollte,
wo die Fahnen heute hätten stehen müssen, wie weit
vorne die Abschläge hätten sein sollen. Er muss Kopf
und Ohren für den Platzwart und für den Greenkeeper hinhalten. Denn dem einen sind die Grüns zu
schnell, dem anderen das Fairway zu hoch, das Rough
zu tief, die Bunker zu sandig und und und ... Eines sei

an dieser Stelle mal ganz deutlich gesagt: Der Platz ist nie am Score schuld. Nie! Alle spielen unter denselben Bedingungen. Diese notorischen Nörgler sollten sich mal an die eigene Nase fassen – vielleicht könnte das miserable Ergebnis ja gar am eigenen Spiel gelegen haben? Und wer einfach nie zufrieden ist, kann sich ja bei der nächsten Mitgliederversammlung selbst zur Wahl stellen.

Das also sind die Felsen in der V.I.P.-Brandung. Alle anderen Pöstcheninhaber werden aufheulen, aber so ists nun mal. Ladys-Captain, Herren-Captain, der Pro, ja sogar der Präsident müssen sichs gefallen lassen, nicht zu den wirklich Wichtigen gezählt zu werden.

Wo wir gerade beim „Menscheln" sind, folgt hier ein kleiner, aber wichtiger Tour d'Horizon der Archetypen, die Ihnen beim Golf immer wieder begegnen werden. Golf ist ein Spiel, das die Abgründe des menschlichen Wesens schonungslos offen legt. Dass alle Typen maskulin beschrieben sind, hat weder mit antifemininen Gefühlen zu tun noch damit, dass nur Männer so sein können. Frauen sind mit gemeint, weil genauso!

Der Naturfreak

Er sammelt beim Golfspiel nebenher Blumen, Beeren, Vogelfedern oder Pilze. Seine Ausrüstung scheint etwas vernachlässigt, die Schlägerhauben sind dafür aus garantiert unbehandelter Schafswolle. Er findet seltene Vogeleier und fünfblättrige Kleeblätter und zeigt Ihnen den Platz, wie Sie ihn noch nie gesehen haben. Ein angenehmer Spielpartner, da man ihn kaum sieht und durch ihn nicht nur golferisch dazulernt. Meistens schaukelt er sogar einen beachtlichen Score nach Hause, was u.a. daran liegt, dass ihm im Rough keiner was vormacht.

Der Ausrüstungsfreak

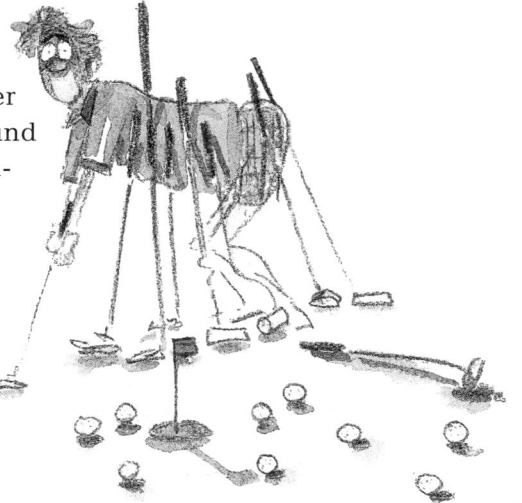

Er schleppt immer das Neueste an und weiß alles über Schläger, Bälle und sonstige Ausrüstungsutensilien. Von ihm werden Sie erfahren, dass Sie seit Jahren mit falschen Schäften, Griffen, Bällen und Schuhen spielen. Bezugsquellen und absolut günstigste Preise liefert er so prompt wie unaufgefordert. In seinem Auto liegen mindestens 17 Putter, zwei Schlägersets und acht Paar Schuhe, von Bällen ganz zu schweigen. Seinen Schwung hat er in 38 Teile zerlegt (von denen er aber erst 26 perfekt beherrscht), die er Ihnen ebenfalls unaufgefordert demonstriert. Nur wenns ernst wird, versagt er – was verständlich ist, da er heute die völlig falschen Schläger, Schuhe, Bälle usw. spielt. Freunde hat er nur unter den Proshop-Betreibern.

Die Schwatzbacke

Sie weiß alles, was sich im Club so abspielt und erzählt es leicht verschärft, aber brühwarm weiter. Hat
für jeden Abschlag, jeden Fairway und jedes Grün
mindestens einen Witz auf Lager. Bringt Leben in den
Flight und Ihren Score. Auf ihr Spiel scheint sich das
nicht auszuwirken – was bei dem Handikap auch
nicht verwunderlich ist. Ihre Hölzer werden durch,
wie die Schwatzbacke meint, „voll-lustige" Hauben
geschützt, der Flachmann ist stets griffbereit. Sie haben zwei Möglichkeiten, mit so einem Schicksals-
schlag fertig zu werden: Wenn Sie gut spielen wollen,
müssen Sie immer mindestens eine Fairwaybreite von
ihr entfernt bleiben; oder Sie vergessen Ihr Spiel und
merken sich dafür möglichst viele Witze.

Der Besserwisser

Er ist die Höchststrafe für alle Mitspieler. Meistens spielt er auch noch gut, was an sich schon ungerecht ist. Unaufgefordert sagt er Ihnen schon am ersten Tee, was Sie alles falsch machen: alles! Er läuft nach seinem Abschlag sofort los, nörgelt halblaut vor sich hin von wegen Platzzustand, Gras zu hoch/zu kurz, Grüns zu schnell/zu langsam, die Löcher 22 mm zu klein ausgestochen, völlig idiotische Fahnenpositionen – und überhaupt haben Platzwart, Greenkeeper und Vorstand keine Ahnung! Er scheut nicht davor zurück, Ihren Griff taktil zu ändern. Falls er einen schlechten Ball schlägt, was (Verzeihung!) viel zu selten vorkommt, hat er noch während der Flugphase eine einleuchtende Erklärung dafür. Nie ist er zufrieden. Man ist froh, dass man ihm im privaten Leben nie begegnen muss, wahrscheinlich ist er Staatsanwalt oder Finanzbeamter. Ihre einzige Chance zu Überleben besteht darin, bei seiner ersten Einmischung firm und für alle hörbar kundzutun, dass Sie rechtsschutzversichert sind und dies auch ausnützen. Wenn Sie Glück haben, schützt Sie das für zwei bis drei Löcher. Sind Sie mental gut drauf, murmeln Sie hörbar, wie erstaunlich es doch sei, dass er bei seiner Atemtechnik nicht viel weiter schlage. Das schafft Luft für vier weitere Löcher. Fazit: möglichst immer und überall meiden.

Der Regelfuchs

Ein wahrlich teutsches Phänomen. Er weiß grundsätzlich alles. Und alles besser. Schleppt eine kleine Bibliothek an Nachschlagewerken und Kommentaren mit sich rum. Wundern Sie sich nicht, wenn er, bevor er Ihre Begrüßung erwidert, erst mal die Schläger in Ihrem Bag zählt. Jeden Anflug von kleinster Regelbeugung ahndet er rigide und unnachsichtig. Da Ihr Tag also eh verdorben ist: Nehmen Sies als Fortbildungsveranstaltung. Das Beste ist, Sie fragen ihn beim Aufteen nach einem ganz kniffligen Regelproblem. Das schmeichelt und beschäftigt ihn die nächsten drei Löcher. Und bitte fragen Sie ihn immer b e v o r Sie etwas Regel- oder Etikettrelevantes machen. Das bestätigt ihn in seiner erhabenen Wichtigkeit und erspart Ihnen Strafschläge.

Der Träumer

Wenns nicht gerade beim Golfen wäre, könnte er ein angenehmer Zeitgenosse sein. Seine Ähnlichkeit mit Monsieur Hulot alias Jacques Tati ist nicht gespielt. Ist es nicht erstaunlich, wie oft ein erwachsener Mensch über seinen eigenen Bag stolpern kann?! Dass er selbigen immer an der falschen Stelle abstellt und ihn dort vergisst, werden Sie hinzunehmen lernen müssen. Sein permanentes Schläger-liegen-Lassen und -Vergessen bringt den nachfolgenden Flight zur Verzweiflung und Sie aus dem Rhythmus.

Komischerweise vergisst er aber nie, Bunker zu harken, ja, er scheint diese Tätigkeit inbrünstig zu lieben, während Divots nicht seine Sache sind. Pitchmarken würde er gerne entfernen, wenn er sie finden würde und eine Pitchgabel zur Hand hätte. Zwei von Ihnen ausgeliehene hat er schon verloren. Nehmen Sie genügend Tees und Bälle zu jedem Abschlag, denn Sie müssen immer aushelfen. Zahlen kann er sich grundsätzlich nicht merken, das Scorekartenausfüllen wird zur Märchenstunde – falls er Ihren siebten Bleistift nicht auch verschlampt hat. Abgesehen davon, dass er Ihren Namen schon nach dem ersten Abschlag vergessen hat und Sie deshalb von Loch zu Loch anders nennt, erzählt er lustige Geschichten, die hauptsächlich seine Vergesslichkeit zum Thema haben. Humor hat er, das muss man ihm lassen. Und davon müssen auch Sie reichlich mitbringen, wenn Sie die Runde heil überstehen wollen. Sein bestes Ergebnis hatte er beim Alzheimer-Cup: das zweite Netto. Oder wars das erste Brutto? Oder doch das erste Netto … ?

Vae victis – der Tag der Tage

Genug der Spielerei über das Wann-und-mit-wem. Lassen Sie uns zu einem ernsteren Thema schreiten: Was tun, wenn der Golfer-GAU – der größte anzunehmende Golferunfall – eintritt und Sie ein Turnier gewinnen? Nun werden Sie einwenden, so etwas könne Ihnen nicht passieren. Aber sagen Sie das nie. Der Ball ist rund und Fortuna launisch. Falls Sie Ihre Glückssträhne schon auf der Runde bemerken, denken Sie bitte nicht darüber nach. Nachdenken hat der Golferei schon immer geschadet. Am Tag aller Tage sollten Sie die Glücksgöttin nicht mit umwölkter Miene und zerfurchter Stirn empfangen. Sie nimmt dergleichen übel und wendet sich ab.

Sie haben also den Tag erwischt, wo Ihnen, warum auch immer, alle Drives schnurgerade geraten, die Annäherungen wie in weicher Butter landen und Sie alle Putts problemlos versenken. Eine eherne Regel sollten Sie nun auch und gerade an diesem Tag beachten: Siege nehme man genauso demütig hin wie die sonst üblichen Platzierungen! Bitte lassen Sie von überschwappenden Freudenäußerungen fußballerischer oder schlimmerer Art auf und um die Grüns ab. Beckerfäuste, Tiger-Woods-Säge und Luftsprünge jeglicher Provenienz sollten Sie denjenigen Showgrößen überlassen, von denen sie aus Promotiongründen erwartet werden. Und bitte, bitte, bieten Sie Ihren ob Ihres famosen Spiels eh schon entnervten Partnern nach dem „Shakehands" keinen Trikottausch an! Was schon beim Fußball hygienisch schwer nachvollziehbar ist, führt beim Golf zu schwersten Störungen im Clubleben. Abgesehen davon, dass weibliche Partner schwerlich mitziehen dürften, ist es einfach nicht jedermanns Sache, ein verschwitztes Polohemd Größe 54 als Andenken an Ihre 93er Runde mit nach Hause zu nehmen.

Vergessen Sie in Ihrem Taumel ja nicht, Ihre Scorekarte zu unterschreiben! Das ist schon bei wichtigeren Anlässen vorgekommen, mit fatalen Folgen. Solches möchte ich Ihren Angehörigen in den Wochen und Monaten danach erspart wissen.

Im Clubhaus angekommen, gebe man sein Ergebnis nicht lauter als sonst und auch nur denen bekannt, die danach fragen. Und bitte: nur die nackte Zahl. Ohne das Gängige: „... trotz dieser idiotischen 8 an der 10, wo ich glatt zwei Bälle out of bounce geschossen habe, und dann der Putt auslippt, wo ich doch an der 3, nein der 4, eine Birdiechance hatte, und auf der 17 in dem blöden Fairwaybunker lande; heute wär für mich ganz easy 'ne 86, ja 'ne 85 drin gewesen, aber die Scheißputterei ..." Bitte lassen Sie Ihre verständliche Freude wenigstens anfänglich mehr nach innen wirken. Das ältere Paar, das zufällig in Ihre Bahn geriet, ist nur zum Speisen hier und golferisch völlig ahnungslos. Was sollen die von uns Golfern denken, wenn Sie sich denen so ekstatisch-aufgelöst und derangiert darbieten?

Sie müssen ohnehin mit Ihren Kräften haushalten, denn die schwerste Prüfung steht Ihnen noch bevor: die Siegerehrung. Weitsichtige haben sich schon zu Zeiten, als sie sich die Platzreife erspielten, einige passende Worte zurechtgelegt, die anlässlich einer noch so fernen Siegerrede die Ohren der erstaunten

Clubmitglieder erbauen sollen. Weitsicht zahlt sich beim Golf immer aus. Nun kommt auch die von mir stets mit Verve eingeforderte humanistische Allgemeinbildung auf der Grundlage unseres europäischen Kulturerbes voll zum Tragen. Der eine oder andere Klassiker darf nun schon zitiert werden – umsonst soll die ganze Plackerei schließlich nicht gewesen sein. Doch denken Sie daran, dass auch Minderjährige anwesend sind, Familien früh nach Hause müssen und unsere in Ehren ergrauten Senioren nicht überfordert werden dürfen. Es mag zwar amüsant sein zu vernehmen, wie um Himmels willen gerade Sie zum Golf gestoßen sind, könnte aber den zeitlichen Rahmen doch etwas sprengen.

Und sollte Ihnen, was ja jedem mal passieren kann, ein Ass *(Hole in one)* reingerutscht sein, so ist das zwar blendend für Ihr Ego, aber verheerend für Ihr Portemonnaie. Um die pekuniären Auswirkungen etwas abzumildern (der Brauch will es, dass alle Anwesenden bis zum Abwinken auf Ihre Rechnung trinken dürfen!), kann es nicht schaden, auf den schottischen Ursprung des Spiels zu verweisen: Beim Golf, so sollten Sie rhetorisch elegant verbrämt, aber doch unmissverständlich zum Ausdruck bringen, komme es bekanntlich immer auf das Weniger an ...

Halten Sie es bei Ansprachen grundsätzlich mit den Badenixen: das Schöne knapp und wohlverpackt; das Wichtigste zeigen, aber nicht alles preisgeben. Denn es ist doch so: Ihr Score wird schnell vergessen sein, Ihre Siegerrede nie!

Wir nähern uns unaufhaltsam dem Höhepunkt und Abschluss der Golfsaison. Der Chronist schließt sich dieser natürlichen Dramaturgie gerne an.

Der Golfball

Nicht alle denken bei einem Golfball an das widerspenstige kleine weiße Ding, um das sich unser Universum dreht. Mehr den gesellschaftlichen Aspekten zugeneigte Golfer denken an d e n Golf-Ball, neuhochdeutsch auch Golf-Gala genannt. Für viele ist er beziehungsweise sie der sportliche Höhepunkt der Golfsaison und des Clublebens. Jetzt zahlen sich mutige Annäherungen endlich aus. Aber auch hier, liebe Leserinnen und Leser, müssen Regeln und Etikette beachtet werden, damit Sie einigermaßen gesittet über die Runden kommen.

Dass ein Ball „angesprochen" werden muss, ist hinlänglich bekannt. Auch bei einer Golf-Gala ist das nicht anders. Für die korrekte Ansprechposition sorgt der Präsident. Das Volk der Dichter und Denker darf mit Stolz auf die Geistesblitze hören, die nur so um es herumflackern – vorzugsweise im Konjunktiv. Dabei sollte auch hier zügiges Redespiel demonstriert werden. Nichts ist schlimmer, als wenn ein Auditorium merkt, dass der Vortragende sich im Wörter-Rough verloren hat. Dann lieber gleich einige provisorische Worte ins Spiel gebracht und ein donnerndes „FORE!" hinterher, damit das kalte Büfett angegriffen werden kann.

Oh, würden doch all jene, die so beherzt und stürmisch Hummer, Truthahn und andere Birdies attakieren, auch auf dem Platz so couragiert agieren! Nie wieder warten an Dreierlöchern! Frischauf zum nächsten Abschlag!

Wer so mutig Mousse au Chocolat durchsticht, wird sich nie mehr vor Bunkern fürchten! Alte Hasen gehen Büfetts „tiger-line" und ohne Backspin an. Hier leistet endlich der neue Loftwedge seine lang ersehnten Dienste. Beim Beladen der Teller sieht man genau, wer seine Divots ordentlich zurücklegt.

Darüber müssen Sie sich im Klaren sein: Eine Ballnacht ist anstrengender als ein 36-Loch-Course. Daher lässt man sich die körperlich fordernden Teile am besten auch hier vom Caddie abnehmen. Verehelichte Seniorengolferinnen sehen ihren saisonalen Höhepunkt nun mal gerne im Tanzen, und was liegt da näher, als diese Prüfung seinem treuen Caddie zu übertragen? (Achtung: Mit Ihrem gewohnten Obolus kommen Sie hier nicht aus. Gefahrenzulage, Nachtschicht, Trennungsgeld etc. summieren sich, sind es aber ohne Zweifel wert.) Elektrocaddies sind beim Tanzen aus optischen Gründen vorläufig noch nicht zugelassen. Man sieht es auch nicht gerne, wenn bei lateinamerikanischen Tänzen zwecks Standverbesserung Spikes getragen werden. Die Band frontal, die weißen Tischdecken seitlich der Tanzfläche, gelten als Ausgrenzen. Diese zu überschreiten zieht einen Straftanz mit der Tischdame linker Hand nach sich.

Wie im echten Golfleben hängt auch das Gelingen einer Ballnacht mit der Mixtur der Tischflights zusammen. Manche Partnerinnen tanzen so stringent, dass sie nach einem geslicten Fox sofort auf einem Provisorischen bestehen. Vergessen Sie ja nicht, selbigen vorher anzusagen. Sie können den Tanz auch für unspielbar erklären.

Auch bei einer Golf-Gala gilt es, nichts zu riskieren. Lieber ein Glas mehr intus nehmen und carry an der Bar landen, als sich im seichten Smalltalk verlieren.

Sollten Stand- oder Gleichgewichtsprobleme auftreten, darf der Betroffene unter Hinzurechnung einer Strafrunde Schnaps in der Garderobe besser gelegt werden. In Fachkreisen nennt man das GUR, Gentlemen under Repair.

Es ist erfreulich, dass das Reden über Golf noch durstiger macht als das Spielen von Golf. So erstaunt es denn auch nicht, dass die Scores mit fortschreitender Nacht immer besser werden. Jetzt endlich sind alle gleich und Handikaps spielen keine Rolle mehr. Longhitter gehen genauso in die Knie wie der Anfänger, der sonst immer Schwierigkeiten beim Überwinden der Damen(-Abschläge) hatte. Aus Gesundheitsgründen werden „Longest Drinks" kaum noch ausgespielt, während „Nearsets to the Pin-ups" sich immer wieder großer Beliebtheit erfreuen.

In der Vorfreude auf den nächsten richtigen Golfball entlasse ich Sie mit einem kleinen Katertipp für den day after: Schlagen Sie fünf Eimer Übungsbälle auf einer zugigen Driving-Ranch und alle Sünden sind vergeben und vergessen.

Und denken Sie stets daran: Was immer Ihnen beim Golfen zustößt, im Guten wie im Schlechten, es ist alles nur ein Spiel mit einem kleinen weißen Bällchen …